JIAOTONG YUNSHU
WULIU DASHUJU
FENXI YU YINGYONG

交通运输物流大数据
分析与应用

牟向伟　蒋晶晶　◎著

中国·武汉

内容简介

本书针对交通运输物流领域的大数据环境特点,对大数据存储以及大数据分析方法进行分析研究,设计了一种交通运输物流领域大数据基础技术架构,支持存储、计算、资源调度管理等各个层面的应用,以满足数据增值和软件开发的需要,最终将该技术架构实践于交通运输物流领域的流式数据实时计算分析与离线数据并行计算分析这两种典型应用中。

图书在版编目(CIP)数据

交通运输物流大数据分析与应用/牟向伟,蒋晶晶著.—武汉:华中科技大学出版社,2021.9
(2023.11重印)
ISBN 978-7-5680-7520-6

Ⅰ.①交… Ⅱ.①牟… ②蒋… Ⅲ.①数据处理-应用-交通运输管理-研究 ②数据处理-应用-物流管理-研究 Ⅳ.①F502 ②F252

中国版本图书馆 CIP 数据核字(2021)第 172124 号

交通运输物流大数据分析与应用 牟向伟 蒋晶晶 著
Jiaotong Yunshu Wuliu Dashuju Fenxi yu Yingyong

策划编辑:聂亚文
责任编辑:狄宝珠
封面设计:孢 子
责任监印:徐 露
出版发行:华中科技大学出版社(中国·武汉)   电话:(027)81321913
    武汉市东湖新技术开发区华工科技园   邮编:430223
录 排:华中科技大学惠友文印中心
印 刷:武汉邮科印务有限公司
开 本:710mm×1000mm 1/16
印 张:11
字 数:206千字
版 次:2023年11月第1版第4次印刷
定 价:48.00元

本书若有印装质量问题,请向出版社营销中心调换
全国免费服务热线:400-6679-118 竭诚为您服务
版权所有 侵权必究

前　言

　　大数据背景下的相关问题已引起了信息、学术、产业、金融甚至政府机构的广泛关注,推动了大数据技术和应用的空前繁荣。在交通运输物流领域,我国不仅已经成为一个交通大国,同时也是交通数据大国。

　　为有效实现对交通运输物流大数据的整合与应用,以及对数据产品及软件产品的增值,针对交通运输物流数据特点及对大规模数据离线处理和实时分析的迫切需要,本书对大数据分析平台软件架构方案进行了设计,对大数据环境下交通运输物流领域数据资源存储、计算和资源调度管理、离线数据并行计算和在线数据实时计算等方法进行剖析,实现了实时热力分析、车货信息资源实时匹配、热点词分析、物流企业信用评价等典型的交通运输物流领域大数据应用,受限于数据的规模和来源的局限性,本书提出的相关方法和模型在实际应用中还需要根据实际应用场景进行适当的改进,相关架构设计方案、数据分析方法和模型具有一定的理论指导意义和参考价值。

　　本书的主要研究内容如下。

　　(1) 为了满足交通运输物流领域大数据的离线与实时分析的需求,设计了一种大数据平台软件基础架构,该架构主要由分别负责离线数据分布式存储和并行计算的 Batch Layer、为不同的应用提供高速用户数据视图的 View Layer 以及负责为流式数据提供消息队列并进行实时计算的 Speed Layer 组成,该软件基础框架可以应用在不同的大数据环境下,提高大数据的分析能力与开发效率。

　　(2) 结合分布式实时计算框架提出了一种基于 CluStream 流式聚类算法的交通运输物流活动区域热度实时分析方法,该方法针对流式数据实时性强和无限流入等特点,对运输车辆活动数据流基于"金字塔"时间窗口方法进行抽样与聚类分析,得到不同区域的物流活动的热度指标,该方法不仅能够解决无限流入数据存储空间效率低下的问题,也能够满足交通运输物流流式数据在进行相关分析的实时性要求。

　　(3) 为了提高物流公共信息平台中货运供需信息资源的匹配效率,本书结合分布式实时计算框架,建立了一种车货供需匹配数学模型,并使用改进的量子进化算法对此问题求解,实验结果表明量子进化算法表现出更好的收敛速度、准确性和稳定性,可以高效地搜索到较为优秀的车货信息资源匹配方案,为车主和货主推荐较为合理的车货供需信息资源。

（4）结合分布式并行计算框架和非结构化文本分析技术，提出了基于 MapReduce 的词频统计与文本分类方法，并应用在交通运输物流热点词分析和交通运输物流新闻资讯分类导览系统中，该方法能够有效提高管理决策者对交通运输物流领域信息和知识的收集分析能力。

（5）为了在大数据背景下更全面地分析物流企业的信用，引入了第三方评价好评率和涉案胜诉率等新的信用评价指标并结合传统指标建立了物流企业信用评价体系，通过网络爬虫收集各级人民法院公开公示的法律文书文本内容，从中抽取案件相关信息用于统计相关物流企业的涉案胜诉率，并提出了基于 MG 算法的第三方评价特征抽取方法，解决了大规模文本特征分析效率低下的问题。该方法对于构建科学、有效和可行的物流企业信用评价体系具有一定的现实意义。

随着交通运输领域的信息化发展和大数据技术的日新月异，相关技术方法仍然有很大的发展空间，本书的内容在今后的研究中需要进行不断改进，敬请广大读者多提宝贵意见。

本书受教育部人文社会科学研究项目（18YJC630124）和辽宁省教育厅科技研究项目（L2014203）资助出版。本书内容第 1 章由大连科技学院蒋晶晶编写，其余内容由大连海事大学牟向伟编写。

目 录

1 绪论 ……………………………………………………………… (1)
　1.1 大数据产生的背景 ………………………………………… (1)
　1.2 大数据的发展历程 ………………………………………… (2)
　　1.2.1 国外大数据的发展历程 ……………………………… (2)
　　1.2.2 国内大数据的发展历程 ……………………………… (3)
　1.3 我国交通运输物流发展情况 ……………………………… (4)
　　1.3.1 我国交通运输物流系统建设情况 …………………… (4)
　　1.3.2 我国交通运输物流信息化发展情况 ………………… (5)
　1.4 国内外交通运输物流大数据研究进展 …………………… (6)
　　1.4.1 国外交通大数据研究进展 …………………………… (6)
　　1.4.2 国内交通大数据研究进展 …………………………… (7)
　　1.4.3 大数据在交通运输物流行业中的应用 ……………… (8)
　1.5 交通运输物流领域数据分析的问题 ……………………… (9)
　1.6 本章小结 …………………………………………………… (11)

2 大数据分析平台软件技术基础架构 …………………………… (12)
　2.1 大数据基础技术框架简介 ………………………………… (12)
　　2.1.1 分布式存储 …………………………………………… (12)
　　2.1.2 分布式计算 …………………………………………… (13)
　　2.1.3 实时计算 ……………………………………………… (14)
　　2.1.4 资源调度管理 ………………………………………… (15)
　2.2 大数据基础软件技术架构设计 …………………………… (16)
　　2.2.1 设计原则 ……………………………………………… (17)
　　2.2.2 大数据分析平台软件基础架构设计方案 …………… (19)
　2.3 本章小结 …………………………………………………… (49)

3 交通运输物流大数据的数据组织与描述 ……………………… (51)
　3.1 泛数据生态圈 ……………………………………………… (51)
　3.2 大数据资源的存储模式 …………………………………… (53)
　　3.2.1 大数据特征 …………………………………………… (53)

3.2.2　交通运输物流大数据的数据存储模式 ……………………… (55)
　3.3　基于本体的交通运输物流领域知识描述方法 …………………… (58)
　　3.3.1　相关理论 ……………………………………………………… (59)
　　3.3.2　交通运输物流领域大数据本体的构建 ……………………… (63)
　3.4　本章小结 …………………………………………………………… (68)

4　交通运输物流领域流式数据实时分析与应用 …………………… (69)
　4.1　流式数据实时分析方法 …………………………………………… (69)
　　4.1.1　流式数据的定义 ……………………………………………… (69)
　　4.1.2　流式数据的特点 ……………………………………………… (70)
　　4.1.3　流式数据抽样统计方法 ……………………………………… (70)
　　4.1.4　流式数据聚类方法 …………………………………………… (73)
　4.2　流式数据实时分析在交通运输物流领域中的应用 ……………… (77)
　　4.2.1　应用1：基于CluStream的交通运输物流活动热点实时分析 … (77)
　　4.2.2　应用2：大规模流式数据环境下车货实时匹配分析 ………… (83)
　4.3　本章小结 …………………………………………………………… (98)

5　交通运输物流领域离线数据并行计算与应用 …………………… (99)
　5.1　基于MapReduce的交通运输物流热点词词频统计方法 ……… (99)
　5.2　基于非结构化文本分类的交通运输物流资讯新闻导览方法 …… (105)
　　5.2.1　文本分类技术综述 …………………………………………… (106)
　　5.2.2　文本训练 ……………………………………………………… (112)
　　5.2.3　文本分类 ……………………………………………………… (113)
　　5.2.4　交通运输物流资讯分类导览系统的实现 …………………… (114)
　5.3　大数据环境下的物流企业信用评价方法 ………………………… (118)
　　5.3.1　应用背景与意义 ……………………………………………… (118)
　　5.3.2　物流企业信用评价方法 ……………………………………… (119)
　　5.3.3　大数据环境下的物流企业信用评价指标 …………………… (124)
　　5.3.4　数据收集系统 ………………………………………………… (132)
　5.4　本章小结 …………………………………………………………… (139)

6　总结 ………………………………………………………………… (141)

参考文献 ……………………………………………………………… (144)

附录 …………………………………………………………………… (154)
　附录A　"法律文书"文本分析源代码 ………………………………… (154)
　附录B　物流企业信用评价数据表(部分) …………………………… (161)
　附录C　信用等级与对应评分表 ……………………………………… (166)

1 绪 论

1.1 大数据产生的背景

随着新技术和新理念的应用,数字化已经渗透到我们生活的方方面面。每个人都是大数据的"生产者",每天都在产生和共享大量的数据。根据美国著名市场调研公司 IDC 的统计,全球每秒钟发送的电子邮件达 290 万封。如果在一分钟内读完一本书,就足够一个人日夜阅读 5.5 年。每天有 28800 小时的视频上传到 YouTube 上,足够一个人日夜观看 3.3 年;每天有 5000 万条信息发布在 Twitter 上。如果你在 10 秒内读完一条信息,足够一个人夜以继日地浏览 16 年。亚马逊每天产生 630 万订单,谷歌每天处理 24PB 的数据,而大数据仍然每 18 个月使全球信息量翻一番。

在中国,数据的规模也是巨大的。截至 2013 年 12 月,新浪微博月活跃用户 1.291亿,日均活跃用户 6.14 亿,每天发布和转发的信息超过 2 亿条。截至 2013 年底,淘宝拥有近 5 亿注册用户,每天有超过 6000 万的固定访客。与此同时,每天的网上商品数量已超过 8 亿件,平均每分钟售出 4.8 万件商品。2015 年 11 月 11 日电商购物节,支付宝单日交易 7.1 亿笔,是 2014 年同日的 6.7 倍,支付宝交易数为 1.058 亿笔,8.59 万笔/秒的峰值为 2014 年的 2.23 倍(2014 年 11 月 11 日的峰值为3.85万笔/秒)。

随着移动通信的发展和智能手机的普及,移动互联网得到蓬勃发展,移动互联网的发展使更多的人成为数据的生产者。根据相关统计报告,2016 年全球互联网用户数将达到 32 亿人,约占全球总人口数的 44%;其中,移动互联网用户总数将达到 20 亿。相关报告预计,如果没有新型联网设备出现,截至 2020 年移动互联网用户总数将以每年 2% 的比例增长。中国互联网信息中心(CNNIC)发布的第 37 次《中国互联网络发展状况统计报告》指出,到 2015 年 12 月,中国的网民数量已经达到 6.88 亿人,其中移动互联网用户的数量已经达到 6.2 亿人,占 90.1%,与 2014 年底相比增长了 4.3 个百分点,其中仅通过手机上网的网民占 18.5%,较 2014 年底提升了 3.2 个百分点。在国外,据估计用户每月在 Facebook 上花费 7000 亿分钟,移动互联网用户发送和接收的数据量为 1.3EB。在我国,中国联通用户上网记录条数为83万条/秒,即1万亿条/月,对应数据量为300TB/月,或3.6PB/年。

大数据被一些人定义为"21世纪的新石油"。2010年个人用户产生的数据达到1.2 ZB,相当于全世界海滩上的沙子数量的总和,这意味着TB、PB、EB已经过时,全球正式进入数据存储的ZB时代(即"泽它时代"),进入大数据时代。根据IDC预测,到2020年,整个世界的数据总量将比2010年增长30倍,达到35.2ZB。而根据IDC在2012年12月份对中国数字世界的预测,到2020年,中国数据总量将增长24倍,达到8.6ZB。

庞大的数据量给我们带来了前所未有的挑战,例如,如何收集大数据,去伪存真,保证数据的全面性和可靠性?如何有效地存储和处理海量的数据?如何从大量数据中挖掘出隐藏的巨大商业价值?如何对结果进行可视化呈现?如何使现有系统弹性地应对数据和负载的动态变化?如何快速构建大数据处理系统并且保证系统的安全简便可用?目前,这些问题已经引起了信息、学术、产业、金融等各个行业甚至政府机构的广泛关注,人们逐渐开始研究如何运用大数据理念和技术来解决上述问题,从而推动了大数据技术和应用的空前繁荣。

1.2　大数据的发展历程

1.2.1　国外大数据的发展历程

(1) 2005年Hadoop项目诞生。从技术上看,Hadoop主要包括两部分,一是对海量数据进行存储的分布式文件系统HDFS,二是对海量数据进行分析的MapReduce并行计算框架。Hadoop从技术层面上搭建了一个使对结构化和复杂数据快速、可靠分析变为现实的平台。

(2) 2008年12月,美国"计算社区联盟"发表白皮书《大数据计算:在商务、科学和社会领域创建革命性突破》,详尽阐述了大数据对社会治理的推动作用以及潜在的商业价值。美国"计算社区联盟"可以说是最高提出大数据概念的机构。

(3) 2011年5月,著名咨询公司麦肯锡发布了《大数据:创新、竞争和生产力的下一个前沿领域》报告,这是专业机构第一次全方面地介绍和展望大数据,在这份报告中"大数据"概念得到清晰阐述。报告提出"大数据时代已经到来",并详细列举了大数据的核心技术,深入分析了大数据在不同行业和业务职能领域的应用,认为只要给予适当的政策支持,"大数据"将促进生产力增长并推动创新。

(4) 2011年6月,全球互联网巨头已意识到"大数据"时代数据的重要意义,包括EMC、惠普、IBM、微软等IT巨头纷纷通过收购数据相关厂商来实现技术整合,部署"大数据"战略。

(5) 2012 年 1 月,在瑞士沃达斯论坛上发布了《大数据,大影响》的报告。该报告认为大数据是一种新型的经济资产,并从金融服务、健康、教育、农业、医疗等多个领域阐述了大数据给世界经济社会发展带来的机会。

(6) 2012 年 3 月,奥巴马政府投资 2 亿美元启动"大数据研究和发展计划",以推动大数据的收集、储存、管理、分析和相关技术问题的研究。

(7) 2012 年 7 月,联合国发布了《大数据促发展:挑战和机遇》,这是一份关于大数据政务的白皮书,总结了各国政府如何利用大数据更好地服务和保护人民。

(8) 2013 年,英国政府发布《英国数据能力发展战略规划》,旨在利用数据产生商业价值、提振经济增长。

(9) 2014 年 5 月,美国白宫发布了 2014 年全球"大数据"研究报告《大数据:抓住机遇、保存价值》。报告阐述了大数据发展所带来的机遇与挑战,并从技术的视角对大数据技术与隐私保护之间的关系进行了深入分析,探讨了可以采用哪些技术加强隐私保护。

(10) 2014 年,欧盟在发布了《数据驱动经济战略》,旨在利用大数据改造传统治理模式,大幅降低公共部门成本,并促进经济增长和就业增长。

(11) 2015 年,国际科学理事会发布《Open Data in a Big Data World》协议。该协议认为"大数据"已经成为科学发现的重要机会,而"开放数据"将提高公共研究企业的效率,生产力和创造力,并抵消知识私有化的趋势。

(12) 2016 年 5 月,白宫发布了《联邦大数据研发战略计划》报告,在已有的基础上提出美国下一步的大数据发展战略。通过一系列的改革措施,美国大数据战略形成了跨部门协同工作的机制。

(13) 2017 年 9 月,医疗保健研究与质量局发布美国首个可公开使用的数据库,其中包括全美 600 多个卫生系统。白宫科技政策办公室一直积极与他国展开合作,以预防数字经济监管障碍、促进信息流动和反对数字本地化等。

(14) 2018 年 4 月,英国专门发布《工业战略:人工智能》报告,立足引领全球人工智能和大数据发展,从鼓励创新、培养和集聚人才、升级基础设施、优化营商环境以及促进区域均衡发展等五大维度提出一系列实实在在的举措。

1.2.2 国内大数据的发展历程

(1) 2008 年 11 月,由 60 余位大数据技术爱好者在中科院首先举办了"HadoopinChina"第一次会议。在国家 863"中国国家网格软件研究与开发"课题的支持下,Facebook、Yahoo!、Baidu、MySpace、Alibaba、FranceStremezzo、Nortel 等企业的科研人员和相关人员进行了一场关于"Hadoop在实际使用中的经验以及心得"交流会,初次掀起了大数据技术应用的神秘面纱,是我国对大数据技术进行的首次探索。

(2) 2012年7月,国务院印发了《"十二五"国家战略性新兴产业发展规划》。该规划明确提出支持大数据存储、处理技术的研发与产业化。

(3) 2012年7月,在北京大学举行了"首届中国大数据应用论坛",会议的主要议题包括大数据的发展趋势、不同场景的大数据应用、云计算与大数据、大数据与商业智能等。

(4) 2012年10月,中国计算机学会大数据专家委员会成立。

(5) 2015年7月,国务院颁布《关于运用大数据加强对市场主体服务和监管的若干意见》,为充分运用大数据先进理念、技术和资源,加强对市场主体的服务和监管,推进简政放权和政府职能转变,提高政府治理能力给出了指导意见。

(6) 2015年9月,国务院发布《促进大数据发展行动纲要》,旨在促进中国数据技术的发展。纲要对我国大数据发展进行了顶层设计和统筹规划,彰显和强化了大数据在国家战略中的突出地位。

(7) 2016年3月,在国家"十三五"规划中提出实施大数据战略,促进数据资源开放共享。大数据产业第一次明确出现在规划中。

(8) 2017年1月,工业和信息化部印发大数据产业"十三五"发展规划。

(9) 2018年1月,国家发改委宣布了政务信息系统整合共享工作最新进展,已有71个部门、31个地方实现了与国家共享交换平台的对接。

(10) 2019年9月大数据产业生态联盟联合赛迪顾问发布《2019中国大数据产业发展白皮书》,报告指出2018年中国大数据产业规模为4384.5亿元,预计2021年将达8070.6亿元。

1.3 我国交通运输物流发展情况

1.3.1 我国交通运输物流系统建设情况

改革开放40多年来,我国交通物流行业实现了跨越式发展,已建成世界最大的交通运输产业体系。

在公路运输方面,到2020年,全国公路里程已达到520万千米,基本建成全国公路网。高速公路总里程已达到16万千米(世界高速公路总里程约50万千米),位居世界第一,比美国高出5.3万千米。铁路网全长14.63万千米,仅次于美国的25

万千米,是世界第二大铁路网。3.8 万千米的高铁网络是世界首个高铁网络。拥有世界十座最长跨海大桥中的 6 座,目前在桥梁和公路隧道技术方面处于世界领先地位。中国的交通运输系统承载着世界上最大的客运量和货运量。公路客运量平均每年 190 亿人次,相当于每人 12 或 13 人次。2019 年,铁路旅客发送量达到 36.6 亿人次,货物发送量超过 300 亿吨。

航空运输方面,中国拥有 241 个机场,客货运量居世界第二位。随着人民生活水平的不断提高,我国民航客货运量迅速增长,越来越多的人开始使用航空出行。

水运方面,世界前 10 大港口中,中国占了 8 个,占吞吐量的 80% 以上,其中宁波舟山港排名第一。在世界十大集装箱港口中,中国占 7 个,占吞吐量的 70%,上海港居世界第一。长江、西江、黑龙江等可通航核心航道在内的内陆河走廊长度达 12.77 万千米,居世界首位。

在城市交通方面,中国有 7 万多条公共汽车和有轨电车线路,总长约 140 万千米。轨道交通虽然刚刚起步,但发展迅速,中国现有轨道交通线路 226 条,总里程 7000 多千米。目前,轨道交通正从一些核心国际大都市向一、二线城市延伸。每年城市交通出行超过 1000 亿人次,居世界首位。经过几十年的发展,中国已经成为一个交通大国。

1.3.2 我国交通运输物流信息化发展情况

交通物流信息化与大数据密切相关。我国在沿海港口、远洋航运、高速铁路等领域的信息化水平已进入世界先进行列,而在空中交通管理体系和沿海内河通信等领域,与世界先进水平的差距也在不断缩小。国内许多大数据公司在高速公路网络收费、通信、监控等方面进行了大数据挖掘,为发现高速公路交通数据背后隐藏的、未知的规律性知识提供了依据。

此外,铁路和民航旅客票务信息服务已达到世界先进水平。12306 火车票网上订票系统、携程、去哪儿网等机票订票系统为人们出行带来了极大的便利。北京、上海、广州、深圳等城市已经建立了较为完善的城市智能交通系统。上海世博会通过分析每天进出上海的所有交通流量和客流,并预测第二天世博园内的人数,为世博园提供帮助。在综合交通信息化领域,通过海铁多式联运工程、综合客运枢纽工程等信息化示范试点项目,我国综合交通信息化取得阶段性突破。如南京南站公路铁路一体化枢纽,通过多种交通方式的协调联动,实现了一体化运输,并取得了良好的效果。

目前,我们已经进入"互联网+"时代,"互联网+"物流、"互联网+"交通、大数据已成为国家战略,将对未来整个交通物流行业的信息化、智能化发展产生深远影响。

1.4　国内外交通运输物流大数据研究进展

1.4.1　国外交通大数据研究进展

美国 INRIX 公司与新泽西运输部展开交通大数据方面的合作。INRIX 通过汽车和手机上的 GPS 设备上的信号收集主干道上的车辆速度数据，向新泽西州交通运输部发出主干道上的危险情况实时警告。同时向司机的 GPS 设备或手机发送警告，提醒司机注意道路危险情况。

2010 年英国伦敦为了将伦敦市的交通信息公开，成立了 TransportAPI 公司，该公司将交通数据公开，并使包括机场、轨道服务商以及市政府都可以采集、审查、整理这些交通数据，为伦敦市的交通大数据奠定了基础。

西班牙电信于 2012 年 10 月成立了名为"西班牙电信动态洞察"的大数据业务部门，推出名为"智慧足迹"的商业服务。甚至还计划面向不同行业推出系列服务产品，如具有交通流量管理功能的"智慧城市"。

2014 年 5 月 29 日，日本丰田汽车宣布通过收集汽车的位置和速度等庞大的"大数据"，开发出可提供交通量和行驶线路等交通信息的服务。丰田的"大数据交通信息服务"使用通信信息终端，收集到 330 万台搭载导航系统的汽车行驶 1 年（绕地球 83 万圈）的位置和速度等信息，通过分析这些信息为用户提供在地图上显示道路的拥堵情况、发生灾难时可行驶的道路以及避难所的位置等服务。

目前韩国企业对大数据的研究已经不仅仅停留在本产业领域内，融合交通数据、流动人口数据等跨领域的大数据分析，也成为商家们打造精准营销的手段之一，据了解，韩国利用大数据所创造的市场交易规模平均每年以 35% 的速度增长，韩国政府已于去年成立了韩国大数据分析中心，对韩国交通领域、经济领域等 45 种领域的公共基础数据进行分类整理，为市民的日常生活和企业的经济活动提供了参考依据。

2015 年 4 月 27 日新加坡陆路交通管理局局长 Chew Men Loeng 在第十四届亚太智能交通论坛上提出了大数据在新加坡交通领域中的应用，探讨分析了在大数据时代，根据新加坡的情况，怎么样获取大数据，怎么样为新加坡的未来交通的生态系统进行设计。

拥有世界第二多人口数的印度，近两年也持续运用大数据，期许打造出一个更便利、更近民的智慧城市。印度的一些新城市将会运用大数据，建立一套地理资讯系统。

欧盟将构建交通大网络,搭建物流生命线。欧盟交通网络存在在快速建设高速公路的同时,道路交通却仍旧日益拥挤,路网通行能力不能满足交通量增长的需要等问题。为此,从20世纪70年代末开始,在欧盟主导下,各国开始了对"公路智能运输系统"(ITS)的研究与规划,至90年代中期开始进入调试与实用阶段。ITS系统以强化交通安全、提高运输效率、节约能源消耗、保护自然环境和增加舒适性等为关键环节。

"阿里云"将建迪拜数据中心,新的合资公司总部设于迪拜,双方将共同建设一座数据中心,为迪拜的交通、通信、城市基础设施、电力、经济服务和城市规划等六大支柱领域提供服务。

2016年6月新西兰交通管理局按照历史的交通大数据,进行挖掘分析,总结出了一些城市路段的拥堵点为市民出行提供参考。

1.4.2 国内交通大数据研究进展

伴随着交通管理信息系统的不断建设、完善与发展,交通运输物流领域积累了大量宝贵的数据资源。为了适应大数据时代的发展要求,更好地利用大数据为交通现代化服务,国内学者对大数据方法和技术在交通领域(如,智慧交通、道路交通和物流运输体系等方面)的应用进行了广泛而深入的研究。

陈美提出大数据在公共交通中的应用,结合英国对大数据在交通管理中的应用案例,分析大数据管理可以解决及时、高效、准确的交通数据获取问题。为大数据在交通领域的应用做了个初步分析。

2013年北京市交通委员会顾涛结合大数据提出了治理北京城市交通拥堵的策略。他认为大数据、物联网时代的来临,为科学施策治理城市交通拥堵提供了条件,通过对科学收集的海量数据进行针对性分析和归纳,并提炼出有价值的信息,可以为科学决策提供依据和支撑。大数据技术可以实现城市交通的智能化。

刘伟杰和保丽霞探讨了交通大数据对构建综合交通运输物流体系的支撑作用及实施关键,提出了大数据在整个交通运输物流体系中的作用主要体现在对管理者、出行者、社会环境3类对象7个方面。并且结合了上海综合交通运输物流体系的现状,从规划、机制以及全寿命3个方面探讨了交通大数据在上海市构建世界一流运输体系中应用。

段宗涛和康军等人将大数据应用到车联网的研究中,提出了一种车联网大数据环境下的交通信息服务协同体系。他们的新型交通信息服务协同体系将交通信息服务模型描述、基于机会通信协议、语义交通信息匹配算法和上下文驱动四个部分组合,建立了车联网大数据环境下的新型交通信息服务协同原型系统。

熊刚、董西松等人重点分析总结了城市交通大数据的若干研究内容及核心技术，提出了城市交通大数据智能应用系统解决方案和几种典型应用，在城市交通和智慧城市领域的大数据研发和应用领域进行了初步探讨。

王雅琼、杨云鹏、樊重俊思考利用大数据技术改进智慧交通服务、缓解交通拥堵问题，分析智慧交通对大数据应用的需求变化，探讨智慧交通中大数据应用的新模式，从而利用大数据更好地为人们提供智能化交通服务。

段宗涛、郑西彬等人对道路交通领域业大数据进行了相关研究。他们分析归纳了道路交通大数据的来源并分类；而后分析了道路交通大数据处理和管理的支撑技术；获得了道路交通大数据的关键问题以及开展道路交通大数据研究所需的技术基础和道路交通大数据在未来可能的应用，阐明了道路交通大数据研究的关键技术及其相关应用。

闫俊伟、凌卫青和王坚结合本体技术对交通大数据进行知识语义描述，结合大数据技术提出了一种基于本体的交通大数据分析框架。该框架中对交通以路网拓扑、道路交通对象和道路交通信息三个层次进行语义关系描述，制定映射文件，构建城市道路交通本体库，为大数据分析的多源多维数据关联分析及知识挖掘提供语义查询支持。该框架能够根据交通分析需求快速有效地找到目标数据，在大数据分析与大数据存储之间起到了逻辑关联的作用，对现有交通数据分析具有重要意义。

1.4.3　大数据在交通运输物流行业中的应用

近年，大数据的相关技术方法在交通运输物流领域的应用越来越多，在车货匹配、运输线路分析、销售预测与库存、设备修理预测、物流中心选址等方面有着广泛的应用。

1. 大数据技术可以改变运输资源匹配模式

物流运输行业具有车多货少的特点，供过于求，导致了运输卡车等待货物和交付货物的大部分时间被浪费，无形中增加了企业的经营成本。随着移动互联网、云计算、大数据等新技术的发展，物流信息平台迎来了新的机遇。目前，市场上出现了大量的车货匹配信息平台和移动端应用。例如，仅2014年，市场上就有200多个车货匹配应用。通过对车源信息和货源信息进行大数据分析，可以使车主的货物与货主的运力需求之间产生高效的匹配，从而降低货物运输车辆的返程空载率，减少资源浪费。此外，大数据技术还可以解决信息平台上无货或虚假供应的问题。

2. 基于大数据技术的运输路线优化

UPS司机每天要递送120到175件货物。如果每位司机每天少开一英里，公司可以节省5000万美元。为了找到任何两个目的地之间最有效的路线,UPS使用大数据技术开发了"猎户座"系统(on-road integrated optimization and navigation),因为司机可以在多条路线之间进行选择,该系统可以实时分析20万条可能的路线,并在大约3秒内找到最佳路线。到2013年底,"猎户座"已经在大约10000条线路上使用,为公司节省了150万吨燃料和14000立方吨二氧化碳排放。

此外,UPS通过大数据分析,规定车辆在右路行驶到任何送货地点时都应避免左转。原因在于UPS通过大数据分析技术实现的左转增加了车辆事故风险,影响了其效率。到2012年,由于右转规则和其他改进,UPS已经节省了大约1000万加仑的燃料,减少了相当于5300辆汽车一年的排放量。

3. 利用大数据技术预测销量和库存

使用大数据技术通过分析类别可以确定哪些可以用来促进商品、商品用于排水,同时,根据以往销售数据建模确定当前安全库存商品,当库存接近安全库存时进行早期预警,及时不断优化库存结构,降低库存成本。

4. 大数据技术可用于预测运输工具维护

车辆维修人员需要不定期对车辆进行检查,只在需要时根据数据分析进行检查,通过监控车辆的每个部件,UPS现在只需更换需要更换的部件,从而节省了维护成本。如使用无线远程信息处理系统在运载工具负载传感装置来检测特定部分的性能,如车辆运行状态、速度、方向、刹车和引擎,并收集多种指标反映卡车,的速度、行驶时间和油压,以有效降低成本,提高驾驶安全性。

5. 物流中心选址应用大数据技术

物流中心选址的选址直接影响着物流中心活动的成本,所以物流中心选址必须充分考虑物流中心本身的特点、商品特点和交通条件等因素。而大数据分析技术可以很好地解决这个问题。

1.5 交通运输物流领域数据分析的问题

尽管大数据的应用意味着大机遇,拥有着巨大的商业价值,但将大数据技术应用到交通领域还存在以下一些问题。

1. 大数据的质量和时效性难以把握

交通大数据可能来源于不同的交通机构,数据结构和数据完整性也可能随着数据源的不同而不尽相同,而且在数据收集阶段,由于数据变化较快,有效期很短,这可能导致所收集的数据无效,从而在一定程度上影响数据的质量。因此,对于交通领域相关部门或企业而言,从多个数据源及时获取高质量的数据并进行有效整合,是一个巨大挑战。

2. 部分行业对大数据技术缺乏高度的重视和支持

大数据在中国还处于不成熟的阶段,再加上大数据本身的多样性和复杂性,使得大数据的质量就无法得到有效、全面的保证,部分行业(如许多的物流企业高层管理人员)还没有意识到大数据挖掘技术、大数据分析技术给自身企业带来的商业价值到底有多大,对大数据的认识还没有真正提升到企业发展的战略高度。因此,应加强对大数据的认识,清楚大数据在信息时代的真正价值,建设完善的数据中心和完善的数据质量保证制度,促进行业或企业的发展。

3. 物流企业高层管理者对大数据技术缺乏高度的重视和支持

只有得到了物流企业高层管理者的重视,一系列跟大数据有关的应用及发展规划才能有望得到推动,大数据的价值才能在物流的运营过程中真正地挖掘出来。然而,大数据在中国还处于不成熟的阶段,再加上大数据本身的多样性和复杂性,使得大数据的质量就无法得到有效、全面的保证,许多的物流企业高层管理人员还没有意识到大数据挖掘技术、大数据分析技术给自身企业带来的商业价值到底有多大,对大数据的认识还没有真正提升到企业发展的战略高度。因此,物流企业高层管理者应当加强对大数据的认识,清楚大数据在信息时代的真正价值所在,建设完善的数据中心和完善的数据质量保证制度,带领企业迎接这场没有硝烟的大数据战争。

4. 数据中心亟需专业的数据管理人员

专业数据管理人员的配备才是保证大数据质量的关键,由于大数据本身的多样性、复杂性增加了大数据在处理和管理上的难度,因此,在大数据环境下,交通部门亟需专业的数据管理人员。

5. 将非结构化的数据转化为结构化的数据是一项巨大挑战

数据有着结构化数据和非结构化数据之分,结构化数据是指储存在数据库里,能用二维表结构来表达的数据;而非结构化数据是指包括所有格式的文本、图片、办公文档、各类报表html、xml、图像和音频/视频信息等等。对于交通机构来说,将非结构化数据转化为结构化数据是一项巨大挑战。

6. 数据开放程度、共享程度低,共享机制不完善

交通部门拥有大量的数据资源,但利用率不高,这不仅造成了资源的浪费,也给人们的生活带来了很多不便。例如,我国城市公交一卡通已覆盖了约250多个地级以上城市,但因各地公共交通一卡通标准不一、各城市间不能联通、无法实行大规模的联网应用等问题,给百姓出行使用造成极大不便。提高利用率的最有效方法就是开放数据。国家"十三五"规划也提出促进数据资源开放共享。因此,交通主管部门应建立开放交通运输物流数据的门户网站,尽可能以多种形式开发交通运输物流数据,并制定交通数据共享的奖励措施,促进这种公私部门之间合作的双赢局面。

7. 数据开放与隐私的平衡,亦是一大难题

在信息时代,用户的各种行为需求都会在各种各样的信息系统中留下"数据脚印",甚至用户的习惯、爱好、电话号码等个人信息也可能被记录,从而造成个人信息的非法泄露,给用户带来不必要的麻烦。因此,推动数据全面开放、应用和共享的同时,政府应逐步加强数据隐私立法,交通主管部门应在此基础上逐步完善保护用户隐私的规章制度,加大对用户隐私的保护。

1.6 本章小结

大数据背景下的相关问题已引起了信息领域、学术领域、工业及金融领域甚至政府机构的广泛关注,人们逐渐开始研究如何运用大数据理念和技术来解决上述问题,从而推动了大数据技术和应用的空前繁荣。在交通运输物流领域,经过几十年的发展,我国不仅已经成为一个交通大国,同时也是交通数据大国,我国在沿海港口、远洋航运、高速铁路等领域的信息化水平已跨入世界先进行列,在空中交通管理系统以及沿海和内河航道通信等领域,也在不断缩小与世界先进水平的差距。但是,与发达国家相比,我国在铁路、道路、航空、水路等领域的信息化水平还相对落后,交通运输物流信息化的未来发展与大数据密切相关。互联网＋高效物流、互联网＋大数据已经上升为国家战略,将对整个交通运输物流行业未来信息化、智能化发展产生深远的影响。当交通运输物流数据获得充分的积累后,数据有机整合呈现出的增益效应将会受到全社会瞩目,数据关联带来的融合价值会促使社会各界、各行各业的数据人才和数据工作者融入数据分析之中,开发出丰富的数据产品和商业服务。

2 大数据分析平台软件技术基础架构

2.1 大数据基础技术框架简介

从交通运输物流大数据应用产品的角度看,数据产品和软件产品获得增值和开发需要大量与大数据相关的技术框架作为基础,并对存储、计算、资源调度管理、可视化等各个层面进行支持。

2.1.1 分布式存储

分布式存储系统,是将数据分散存储在多台独立的设备上。传统的网络存储系统采用集中的存储服务器存放所有数据,存储服务器成为系统性能的瓶颈,也是可靠性和安全性的焦点,不能满足大规模存储应用的需要;分布式存储系统采用可扩展的系统结构,利用多台存储服务器分担存储负荷,利用位置服务器定位存储信息,它不但提高了系统的可靠性、可用性和存取效率,还易于扩展。

在设计分布式软件系统方案之前,首先要考虑的是当前的业务环境和应用功能,然后再考虑成本、方案目标和要达到的效果。此外,还应考虑多种因素,使方案具有针对性和可操作性。采集和处理的数据基本存储在传统数据库中,每条记录经过转换后存储在分布式存储系统中,数据文件变得更小也更分散,并行计算框架在处理小文件时需要进行数据传输,处理效率受到了一定的影响。在交通运输领域,底层数据处理仍以传统数据库为中心,与现有行业相连接,在存储上可以使用传统的关系数据库或分布式文件存储系统,关系数据库存储需要频繁更新数据,分布式文件存储系统的数据增长很快,但是变化频率不高;两者都有自己的备份计划,互不干扰。海量实时数据查询在此基础上,建立基于高速分布式 NoSQL 数据库。离线批处理任务一般基于并行计算框架,适用于大数据量、复杂和长时间的计算任务。

常见的各种类型的分布式存储技术框架如下。

1. HDFS

Hadoop 的分布式文件系统(Hadoop Distributed File System,HDFS)适合存储海量非结构化数据,它可以部署在廉价的机器硬件上,能够安全可靠地存储 TB

级甚至PB级的海量非结构数据,是采用流式数据访问模式来存储超大文件的文件系统。

2．HBase

HBase是一个分布式的、面向列的开源数据库,它适合存储海量的半结构化数据。由于HBase分布式存储系统具有可伸缩等特点,所以可以在廉价的PC服务器端上搭建起大规模的HBase存储集群。

3．Greenplum

Greenplum适合存储海量结构化数据,它是基于PostgreSQL开发的一款MPP(海量并行处理)架构的、shared-nothing无共享的分布式并行数据库系统。采用Master/Slave架构,Master只存储元数据,真正的用户数据被散列存储在多台Slave服务器上,并且所有的数据都在其他Slave节点上存有副本,从而提高了系统的可用性。

4．TFS

TFS(Taobao File System)适合存储海量的非结构化数据,是一个高可扩展、高可用、高性能、面向互联网服务的分布式文件系统,它构筑在普通的Linux机器集群上,可为外部提供高可靠和高并发的存储访问,TFS为淘宝提供海量小文件存储,通常文件大小不超过1M,满足了淘宝对小文件存储的需求,被广泛地应用在淘宝各项应用中。它采用了HA架构和平滑扩容,保证了整个文件系统的可用性和扩展性,同时扁平化的数据组织结构,可将文件名映射到文件的物理地址,简化了文件的访问流程,一定程度上为TFS提供了良好的读写性能。

2.1.2 分布式计算

由于交通运输物流领域的数据规模大,增长快,不仅需要离线分析还需要实时分析,这就决定了交通运输物流领域大数据平台需要强大的实时以及离线分析能力,以对交通领域数据进行分析处理。基于大数据平台的交通运输物流资讯分类、交通运输物流热点词等都需要大数据平台的分布式计算及分析能力,要达到这些目标必须选择一个具有高性能的用于海量数据处理的分布式计算框架。

目前比较流行的分布式离线数据并行计算框架包括以下几个。

1．MapReduce

MapReduce是最为常见和流行的一个分布式计算框架,Hadoop是其开源实现之一,已经得到了极为广泛的应用。MapReduce是一个用于海量数据处理的编程模型,它简化了复杂的数据处理计算过程,将数据处理过程分为map阶段和reduce

阶段，MapReduce 是完全基于数据划分的角度来构建并行计算模型的，具有很好的容错能力。

2. Pregel

Pregel 是谷歌发明的一种分布式计算框架，其优势是可以更为高效地完成一些适合于抽象为图算法的应用，Giraph 是一个比较好的开源实现。

3. Dryad 和 Scope

这两个都是微软研究院推出的 MR 类的项目，Dryad 是一个更为通用的计算框架，支持有向无环图类型数据流的并行计算；而 Scope 有点类似于 Hive，是将某种类似于 SQL 的脚本语言编译成可以在底层分布式平台上计算的任务。但是这两个项目因为不开源，所以资料也不多，也没有开源项目那样的社区支持。

除了以上所述的分布式系统外，还有谷歌的 Dremel 系统、Yale 的 HadoopDB 等，这些分布式计算系统基本上都是以 MR 为原理构造的。

2.1.3 实时计算

如今，数据不再是最难获取的东西，难的是如何从这些海量的数据中获得我们想要了解的信息，获取其内在的价值，由于一些数据蕴含的信息具有时效性，想要及时地获取这些信息成了这些信息工作者都在竞相追求的目标，这也正是大数据实时计算越来越流行的原因。离线数据并行计算框架主要专注于批处理，但是当我们需要处理一些实时信息的时候，离线并行计算需要耗费大量的时间，无法快速得到实时分析结果。为了解决这个问题，实时计算与分析框架应运而生。

目前主流有以下三种实时计算框架。

1. Apache Storm

通常认为 Hadoop 定义了并行计算的原语与通用方法架构，极大程度上对大规模数据的并行批处理进行了简化，而 Storm 为分布式实时计算提供了一组通用原语与方法架构，可以简化实时数据并行处理的复杂性。Storm 可以方便地在一组集群服务器中建立与扩展复杂的实时计算服务，因此，Storm 常常用于实时处理服务，就好像 Hadoop 通常用于并行离线批处理一样。Storm 保证实时得到的消息队列中的每个消息都会得到处理，Storm 处理信息的速度要求更加快速，在一个小集群中，每秒可以处理数以百万计的消息，并且可以使用任意主流的程序开发语言来进行开发。

2. Apache Spark Streaming

Spark Streaming 是核心 Spark API 的一个扩展，它并不会像 Storm 那样一次

一个地处理数据流,而是在处理前按时间间隔预先将其切分为一段一段的,进行批处理作业。

3. Apache Samza

Samza 处理流式数据消息队列时,会分别按次处理消息队列中每条收到的消息。Samza 的流单位是一个消息队列。在 Samza 中,数据流被切分开来,每个部分都由一组只读消息的有序数列构成。除此之外,该系统还支持分区数据的批处理,即逐次处理同一个数据流分区的多条消息。Samza 的执行与数据流模块都是热插拔式的,尽管 Samza 的特色是依赖 Hadoop 的 Yarn 和 Apache Kafka。

Storm、Spark Streaming 和 Samza 三种实时计算框架都是开源的、分布式的系统,具有可扩展性和容错性高,延迟低等优点,它们相似的特点在于:允许运行数据流代码时,将任务分配到一系列具有容错能力的节点上并行运行,也都具有便捷的底层 API 来简化计算任务实现的复杂程度。

Storm、Spark Streaming 和 Samza 的不同之处在于:在数据传递形式上,Storm 和 Samza 是至少一次传递(At-least-once),没有丢失的情况,消息可能会再次发送,此情况下会产生冗余消息传递的现象,Spark 是仅一次(Exactly-once)传递:每条消息都被发送过一次且仅传递一次,此种模式没有冗余;在状态存储与管理方面上,三者对状态的存储有不同的策略,Spark 将数据写入分布式文件系统中,Samza 使用嵌入式键值存储,而在 Storm 将状态管理滚动至应用层面也会使用高层抽象 Trident;在开发语言方面,Storm 支持大多数主流开发语言;Spark 支持 Scala、Java、Python;Samza 只有 JVM 所支持的语言。

2.1.4 资源调度管理

随着 MapReduce 等技术的发展,其开源实现 Hadoop 也变得越来越受推崇。在 Hadoop 系统中调度器是非常重要的核心组件之一,它能够将系统中空闲的资源遵循作业策略分配给不同任务。调度器在 Hadoop 中是一个可插拔的组件模块,开发者需要根据自己的实际应用需求对调度器进行设计和配置。Hadoop 中有三种调度器最为常见,分别如下。

1. 默认 FIFO 调度器

FIFO 调度器是 Hadoop 中的默认调度器,按照作业到达的先后顺序和任务的优先级高低,也就是先入先出策略选择将要被执行的作业。

2. Capacity Scheduler 计算能力调度器

计算能力调度器支持多个计算任务队列,每个队列可以配置一定的计算资源,每个队列内使用 Hadoop 的 FIFO 调度策略作为默认的调度,目的是防止同一用户的工作占用队列中的所有资源,避免调度程序把所有的资源分配给同一个用户提交计算任务作业,将这些资源的数量进行一定程度的限制。进行调度的步骤如下。

第一步选择队列:计算每个队列中运行的任务数与应分配的计算资源之间的比率。根据该策略,选择比例最小的队列作为下一个执行队列。

第二步作业选择:在按照前面的策略选择队列后,根据作业的优先级和到达的顺序选择下一个要执行的作业。

除了以上两条规则外,还需要考虑用户资源限制和内存限制。

3. 公平调度器 Fair Scheduler

公平调度器支持多队列多用户,每个队列中的资源量可以配置,每个队列即每个用户拥有相同数量的资源,而不管他们提交的作业数是否相同,同一队列中的作业公平共享队列中所有资源。用户也可以给予每个作业相应的权重,以不按比例的方式共享资源。

4. YARN

Apache Hadoop YARN 是一个新的 Hadoop 资源管理器,允许用户在同一个物理集群上运行和管理多个作业。例如,MapReduce 批量处理和图形处理作业的引入,为集群在资源利用、资源统一管理和数据共享方面带来了巨大的好处。这不仅合并了组织管理的系统的数量,而且还允许对相同的数据执行不同类型的数据分析。在某些情况下,整个数据流可以在同一台集群机器上执行。它是一个通用的资源管理系统,可以为上层应用提供统一的资源管理和调度。它的引入为集群的利用、统一的资源管理和数据共享等方面带来了巨大的效益。

YARN 一开始是对 MapReduce 的改进,具有可伸缩性(支持 10,000 个节点和 200,000 个核的集群)、可靠性和更高的集群利用率。在某种意义上,YARN 是一个负责集群资源管理的云计算系统。在操作系统上可以开发各种应用程序,如批量处理 MapReduce 和实时服务 Storm。这些应用程序可以利用 Hadoop 集群的计算能力和丰富的数据存储模型,共享同一个 Hadoop 集群和驻留在集群上的数据。此外,这些新框架可以利用 YARN 的资源管理器来提供新的应用管理器实现。值得注意的是,YARN 的不同服务组件的通信方式使用了事件驱动的异步并发机制来简化系统的设计。

2.2 大数据基础软件技术架构设计

大数据环境下的交通物流领域的技术解决方案需要根据交通物流业务领域的

数据环境和特点进行设计。在选择方案时,首先要了解应用领域的数据源、数据存储结构、数据存储格式和数据规模等相关指标。理解并整理应用业务场景的管理和业务需求。本书介绍的大数据在交通物流领域的基础软件技术框架主要是对数据进行实时和离线分析,从而实现数据的分析、集成和预测。为了满足上述分析应用程序的需求,需要一个技术体系结构,用于支持各种交通领域的数据分析和应用程序需求。

2.2.1 设计原则

大数据具有规模大、增长速度快、值密度低、基数大、多源异构等特点。因此,在大数据系统的架构设计上,在采集、存储、处理、传输、备份的功能设计上,都应该设定不同的目标和要求。系统的设计应遵循以下目标和原则。

1. 存储和计算要求

系统的存储功能应设计为有能力应对不断增长的数据规模,并支持多种数据类型(结构化、半结构化和非结构化)。此外,该系统还应该能够进行高速处理,保证系统的数据规模增加或数据量快速增长的同时,处理速度和处理效率不受影响,还可以满足用户对响应速度的需求。

近年来,随着计算机和网络的快速发展,数据的增长越来越快。随着数据量和用户数量的增长,人们对基础设施的需求与10年前相比有了巨大的变化。在存储上,服务器现在会增加对缓存层的设计;数据库需要若干本地硬盘来支持大规模并行计算,旧的本地计算模式正在逐渐向分布式计算模式转变。

硬件供应商已经开发了新的产品和系统来满足这些存储和计算需求,包括存储刀片服务器、串行SCSI交换机、外部SATA磁盘阵列和高容量机架单元。然而分布式文件存储和并行计算框架是基于存储和处理复杂数据和减少数据迁移量的新方法。分布式文件存储和并行计算框架在软件级别解决了这些问题,而不是依赖进行大容量存储和可靠性进行解决。

在大多数情况下,并行计算框架会遇到两个问题:从硬盘或网络读取数据时遇到I/O瓶颈(受限I/O);处理数据时遇到计算瓶颈(CPU限制)。因此,在配置存储和计算需求时,需要考虑的设计原则包括以下几点:

(1) 避免使用不同架构的机器,避免出现系统短板;

(2) 在进行架构设计前,要对所涉及的业务环境所需要的工作负载(I/O型或者CPU型)进行预估;

(3) 数据节点较多的情况下有必要进行节点分组考虑;

(4) 应对集成的不同基础架构进行一定的优化,如配置Hadoop的"机架感知"

属性,以便在任务调度过程中尽量减少网络带宽资源的消耗;

(5) 考虑未来数据规模的增长,设计增加节点配置模板,并预留一定的计算与存储冗余。

2. 高可靠性

随着集群规模的扩大,首先要解决的问题是单点问题。如果集群中只有一个节点发生故障就无法及时响应,在这种情况下,客户端无法响应请求,会影响用户的使用。其次,大内存的管理也是一个需要解决的问题。由于存储文件的增加,元文件也会增加,节点的主节点机的内存也会逐渐增加直至达到内存瓶颈。

可靠性是系统运行时必须具备的重要属性之一。核心节点发生故障时,可以快速无感切换到备份节点。当计算节点发生故障时,控制节点可以将任务分配给相邻的节点。数据是系统最重要的核心资产,不允许因节点发生故障而产生损失或丢失数据。对于数据文件本身来说,大数据相关技术主要依靠分布式文件系统技术来实现可靠性的提升。基于系统的设计,建议备份数据的副本数不超过 3 个,从而达到可靠性和 I/O 性能的平衡。

3. 并发性

在开发高并发应用程序时,需要解决以下问题:进行系统配置时,需要将访问频繁的数据节点靠前配置,在计算节点上配置更多核 CPU,优化调整操作系统级别的 I/O 访问限制,在应用中采用分布式缓存机制,必要时增加专用缓存服务器,充分利用缓存、索引、分片和降低锁定强度等技术方法提高并发性能从而对系统进行优化。

4. 完整性

完整性是指系统功能的完整性,大数据系统必须具备大数据采集、存储、处理、分析、控制、可视化等涉及大数据处理的完整生命期。

5. 可伸缩性

可伸缩性要求系统允许集群中的节点增加或减少,主节点可以智能地感知节点规模发生的变化;当原始节点进行更换时,提供在不破坏数据完整性的前提下将该节点的数据迁移到新节点的方法;用户可以根据不同的内容类型使用不同方法添加数据类型。

6. 实用性

系统必须具有实用性,其实用性体现在:一是既可以满足几个节点构成的小规模集群,也可以满足有上万个大规模的集群;二是系统在一个节点安装完成后,可以同构地快速复制到多个节点上;三是系统可以在单节点上模拟独立运行和伪分布运行,以便程序的开发和调试;四是系统可以在开源的通信系统上建立开源的操作系统。

系统的实用性主要体现在以下方面:首先,它可以满足小型集群由几个节点或成千上万的节点组成的大规模集群;其次,安装配置后的节点可以快速、同构复制到多个节点;最后,具有模拟独立运行和单节点伪分布式运行的环境,便于程序的开发和调试。

2.2.2 大数据分析平台软件基础架构设计方案

一般来说,大数据系统都是由多个子系统集成构成的系统,考虑到大数据架构的设计原则以及大数据系统构建的经济性和稳定性,软件基础架构设计方案将全面采用成熟的开源项目成果,比如非结构化存储采用 HDFS 分布式文件系统,结构化数据存储采用 HBase 分布式数据库系统。每个子系统都采用主从模式,即由一个主节点和多个从节点构成。大数据系统逻辑架构是一个多层次的体系架构,采用"分布式平台+分析式应用"的模式进行设计。

该系统架构的目标是设计出一个能满足大数据系统关键特性的架构,包括有:高容错、低延时和可扩展等。该系统整合了离线计算和实时计算,集成了 Hadoop、Kafka、Storm、HBase 等各类大数据组件。

系统逻辑架构设计如图 2.1 所示。

该架构主要由 Batch Layer、View Layer 和 Speed Layer 组成,Batch Layer 主要由数据采集系统、分布式文件存储系统 HDFS 以及分布式并行计算框架 MapReduce 组成;View Layer 主要采用了分布式高速数据库 HBase;Speed Layer 主要由分布式消息队列服务系统 Kafka 以及流式实时计算框架 Storm 组成。

在该系统框架中,数据来源可以是应用系统、日志文件、网络舆情、智能终端以及传感器等。数据采集系统可以从数据源以及 HBase 中获得数据,将数据存储在 HDFS 上,再由 MapReduce 对这些数据进行分布式计算处理;Kafka 和数据采集系统相同的是它也可以从数据源以及 HBase 中获得数据,不同的是它主要针对流式数据通道进行解耦,并交给 Storm 进行实时计算处理;MapReduce 和 Storm 处理后的信息都在 HBase 中进行保存,当不同的应用需要显示结果时,只需要从 HBase 中取出处理以后的数据即可,不需要每次都对原始数据进行计算处理,提高了系统的响应时间和资源的使用率。

下面我们将对每个部分进行详细的介绍。

1. 数据采集系统

针对目前互联网资源呈指数级增长,网络信息更新速度快等现象,实现对特定

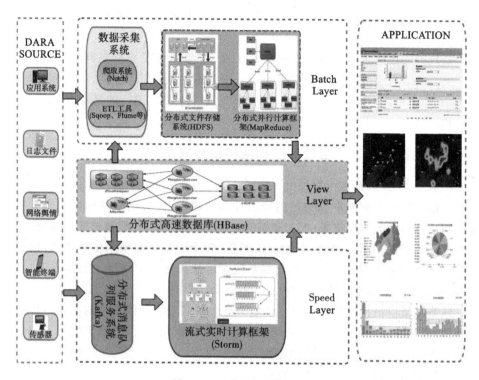

图 2.1 系统逻辑架构设计

领域数据的实时监测和有效分析,将相关网络信息存储到本地,为后续的信息抽取、链接分析、知识库构建、可视化等工作提供重要的基础数据成为目前研究的热点话题,由此产生数据采集这一概念,数据采集又称数据获取,是从传感器和其他待测设备等的模拟和数字被测单元中自动采集数据并输入到系统内部的一个接口。

信息采集是数据采集的一种表现形式,指从大量的网页中将非结构化的信息抽取出来,采用正则函数,进行信息清洗过滤后保存到结构化的数据库中,同时提供个性化的信息定制及强大的全文检索能力。即对信息的收集和处理,其中非结构化数据(如网页)的采集过程主要是通过爬取系统 Nutch 技术来实现,而对关系型数据的抽取,转换和加载即 ETL 通过 Sqoop 技术和 Flume 技术来实现。

1) 爬取系统 Nutch

Nutch 是由 Java 语言开发实现的开源式高扩展搜索引擎,其提供易用的接口和插件机制,为分布式搜索引擎的开发奠定了良好的基础。Nutch 的实现主要是基于 Hadoop 平台,由若干个数据服务器和一个客户端组成,包含用于从网络上抓取网页并为网页建立索引的爬虫 crawler 和利用索引检索用户的查找关键词来产生查找结果的检索 searcher 两个部分。

其中爬虫 crawler 有几个基本概念,我们在这里进行简要的介绍。

crawler 数据文件主要包括三类,分别是 Web Database、多 Segment 和 Index。

(1) Web Database。

Web Database 即 WebDB,用于存储爬虫所抓取网页之间的链接结构信息,存储 page 和 link 两种实体的信息。其中 page 实体描述的网页特征主要包括网页内的 link 数目、抓取此网页的时间等相关信息,对此网页的重要度评分等。link 实体描述的是两个 page 实体之间的链接关系。

(2) 多 Segment。

各 Segment 内存储爬虫 Crawler 在单次抓取循环中抓到的网页以及网页索引。

(3) Index。

Index 是 Crawler 通过对所有单个 Segment 中的索引进行合并处理抓取的所有网页索引。

下面对 Nutch 爬虫的运行机制进行简单的介绍。

Nutch 爬虫的实现机制主要是通过与 solr 配合,采用宽度优先遍历的方式实现爬取,并将数据索引添加到 solr 数据库,由 solr 负责查询工作,由此提供了运行搜索引擎所需的全文搜索和 Web 爬虫工具。其工作的原理又称作"产生/抓取/更新"循环,在 Nutch 中,Crawler 操作的实现是通过一系列子操作的实现来完成的。这些子操作 Nutch 都提供子命令行可以单独进行调用。Nutch 的实现机制见图 2.2,下面是这些子操作的功能描述。

第 1 步:执行 create 操作,创建一个新的 WebDB;

第 2 步:建立初始 URL 集合,执行 inject 操作,并将其注入至存储 URL 集合的 WebDB 中;

第 3 步:执行 generate 操作,根据 WebDB 生成抓取列表 fetchlist 并写入相应的 segment;

第 4 步:执行 fetch 操作,根据抓取列表 fetchlist 中的 URL 抓取网页数据;

第 5 步:执行 parse 操作,解析抓取的网页数据,抽取链接 URL,提取文本信息至 segments 数据库;

第 6 步:执行 updatedb 操作,将抓取网页更新至 WebDB;

循环进行 3~6 步直至达到预先设定的抓取深度;

第 7 步:执行 updatesegs 操作,根据 WebDB 得到的网页评分和 links 更新 segments；

第8步：执行index操作，对所抓取的网页进行索引；

第9步：执行dedup操作，在索引中丢弃有重复内容的网页和重复的URLs；

第10步：执行merge操作，将segments中的索引进行合并生成用于检索的最终index。

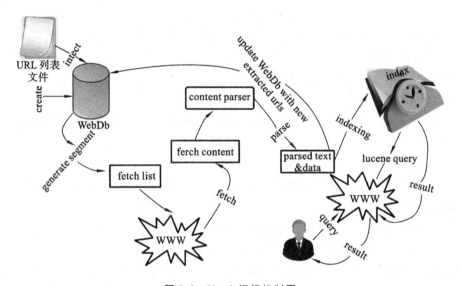

图2.2　Nutch运行机制图

2）Sqoop

Sqoop是将关系型数据库中的数据交换到Hadoop平台，存储在HBase、Hive中，为日后分析处理使用的数据交换系统，实现将关系型数据库数据导入到Hadoop与其相关的系统或将数据从Hadoop系统里抽取并导出到关系型数据库，处理分析后供客户端使用，实现高效、可靠的数据传输。其经历Sqoop1和Sqoop2两个变迁历程，Sqoop1是客户端，以命令行控制台的形式实现数据交换，缺乏安全性，而Sqoop2引入基于角色的安全机制，实现对connector的管理，在安全性及访问方式方面均有较大改善。

Sqoop设计对象为大数据批量传输，能够分割数据集并创建Hadoop任务来处理每个区块，具有包括导入和导出、列出数据库和表信息、生成Java类来操纵数据、解析SQL命令以及其他一些更专门的命令。

下面对Sqoop连接字符串策略进行简单介绍。

Sqoop根据数据库连接字符串决定策略，包括JDBC导出策略和mysqlimport直接模式策略。多数情况下，Sqoop使用JDBC导出策略，即利用导出工具从序列化文件中读取对象,导出 Mapreducejob 输出的文本文件或导出序列化存储的记录到外部表中,之后直接发送给 OutputCollector,将对象传递到数据库,导出 OutputFormat 的过程。其具体实现过程为:首先构建 INSERT 语句并将把记录写到目标表格中,其次 Sqoop 生成一个基于目标表定义的 Java 类,从文本文件中解析记录并且向表中插入合适的数据类型,最后 Mapreducejob 单线程启动,从 HDFS 中读取原数据,用生成的代码解析记录。mysqlimport 直接模式策略的实现过程为:每一个 maptask 产生一个 mysqlimport 进程,该进程通过 FIFO 管道数据以流的形式,到 mysqlimport,然后再到数据库。

下面将对 Sqoop 的运行机制进行简单介绍。

Sqoop 架构简单,通过 Hadoop 的 Mapreduce 把数据从关系型数据库导入到 HDFS,同时整合 Hive、Hbase 和 Oozie,通过实现 map-reduce 任务来传输数据,提供并发特性和容错功能。Sqoop 的基本工作流程如图 2.3 所示。

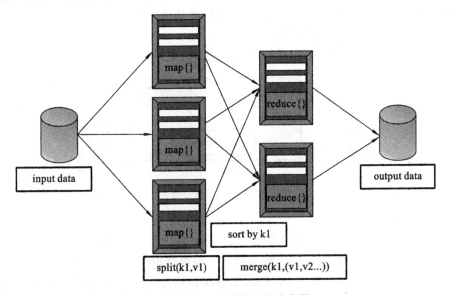

图 2.3 Sqoop 的基本工作流程图

第 1 步:Sqoop 在 import 时,需要生成运行类,制定 split-by 参数。

第 2 步:Sqoop 根据不同的 split-by 参数值来进行切分,然后将切分出来的区域分配到不同的 map 中。

第 3 步:每个 map 中再处理数据库中获取的一行一行的值,写入到 HDFS 中,然后创建 RecordReader 从数据库中读取数据。

第 4 步:创建 map,每个 map 获取各自 SQL 中的数据进行导入工作(基于 JD-

BC 的导出策略）。

3）Flume

Flume 是 Cloudera 提供使用 JRuby 来构建的一个开源的、高可用的、高可靠的、容易管理的、支持客户扩展的分布式海量日志数据采集、聚合和传输的系统。Flume 支持在日志系统中定制各类数据发送方，提供了从 console（控制台）、RPC（Thrift-RPC）、text（文件）、tail（UNIX tail）、syslog（syslog 日志系统）、exec（命令执行）等数据源上收集数据的能力和对数据进行简单处理，并写到各种数据接收方（可定制）的能力。Flume 减少了时间复杂度，具有高效性和高可用性，在处理流数据事件中应用广泛。

Flume 的功能是从数据源收集并缓存数据，再送到目的地而后删除缓存数据，其运行的核心是 Agent。作为完整的数据收集工具，含有三个核心组件，分别是 source、channel、sink。传输数据的基本单位是 Event，Event 代表着一个数据流的最小完整单元，从外部数据源来，向外部的目的地去。从 Source 流向 Channel，再到 Sink，作为 byte 数组，可携带 headers 信息。

如图 2.4 所示，下面对 Flume 中核心组件的基本概念进行介绍。

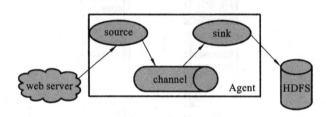

图 2.4 Flume 的核心组件

（1）source。

source 用于接收外部源发送的数据，完成对日志数据的收集，分成 transtion 和 event，不同的 source 接收不同的数据格式。直接读取文件 Source 的两种方式为：ExecSource 和 SpoolSource，其中 ExecSource 以运行 Linux 命令的方式，持续地输出最新的数据；SpoolSource 用来监测配置的目录下新增的文件，并将文件中的数据读取出来。

（2）channel。

channe 是存储地，对 source 中提供的数据进行简单的缓存，直到有 sink 消费掉 channel 中的数据。channel 中的数据直到进入下一个 channel 中或者进入终端才会被删除。当 sink 写入失败后，可以自动重启，不会造成数据丢失，因此很可靠。Channel 有 MemoryChannel、JDBC、Channel、MemoryRecoverChannel、FileChannel 等多种方式。其中，MemoryChannel 可以实现高速的吞吐，但是无法保证数据的完整性。MemoryRecoverChannel 已经建议使用 FileChannel 来替换。FileChannel 保证数据的完整性与一致性。但建议 FileChannel 设置的目录和程序日志文件保存的目录设成不同的磁盘,以便提高效率。

（3）sink。

sink 消费 Channel 中的数据,进行相应文件系统、数据库的存储,或者提交到远程服务器。对现有程序改动最小的使用方式是直接读取原来记录的日志文件,基本可以实现无缝接入,不需要对现有程序进行任何改动,在日志数据较少时,可以将数据存储在文件系统中,并且设定一定的时间间隔保存数据。在日志数据较多时,可以将相应的日志数据存储到 Hadoop 中,以便于日后进行相应的数据分析。

Flume 有两种工作模式,分别为 Push Sources 和 Polling Sources。Push Sources:外部系统会主动地将数据推送到 Flume 中,如 RPC、syslog。Polling Sources:Flume 到外部系统中获取数据,一般使用轮询的方式,如 text 和 exec。

下面将对 Flume 运行机制进行简单的介绍。

Flume 的运行机制见图 2.5,其中虚线代表的是节点间通信。作为收集日志的每个 agent 节点定期通过 RPC 方式向 master 节点发起心跳,master 节点通过监听与回调处理 RPC 请求,并将配置的更改信息发送给 agent,collector 与 master 的通信原理与 agent 相同。实线代表的是数据流的流向。Agent 节点按照配置定期地收集日志并将数据发送给 collector 节点,collector 节点可以接收多个 agent 节点的数据并按照配置中指定的时间间隔,将汇集后的数据流转到目标节点 HDFS。

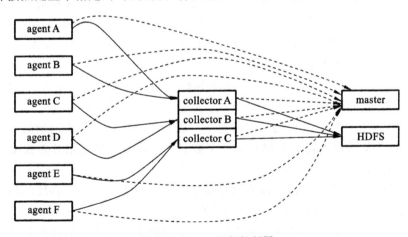

图 2.5　Flume 运行机制图

上述流程中如果 agent 或者 collector 节点在指定的间隔时间内未能发送消息给 master,master 将其视为"死亡",如果是 collector A 死亡,则 master 可以按照配置将 collector A 负责收集的 agent A、agent B 两个节点的数据发送给 collector B。

2. 分布式文件存储系统 HDFS

Hadoop 的分布式文件系统 HDFS(Hadoop Distributed File System)可以部署在多台廉价的机器硬件上,能够安全可靠地存储 TB 级甚至 PB 级的海量非结构数据,一个 HDFS 实例的文件数目可以达到千万个。HDFS 采用流式数据访问模式来读取数据,它的基本思想是一次写入,多次读取。存储超大文件的文件系统 HDFS 可以和 MapReduce 分布式编程模式相结合,能够为应用程序提供高吞吐量的数据访问,适用于大数据集应用,比如基于文件的分析和挖掘应用。

HDFS 集群规模可以动态扩展,节点可以动态加入集群中,以满足不断增长的数据规模,一个集群里的节点数据可达数百个。当节点发生故障时,设计上需要考虑具备错误检测和快速自动恢复的功能。

HDFS 有几个基本概念,我们在这里进行简单的介绍。

1) 块

一个磁盘上读写的操作单位是块,最基本的操作方式是将一个块一次性地从磁盘中读取到内存中或写入到磁盘中。任何一个文件系统都是通过处理大小为一个磁盘块的整数倍数的数据块来运作这个磁盘,文件系统块一般为几千字节,而一个磁盘块一般为 512 个字节。这些值息对用户来说都是透明的,都由系统来维护。

HDFS 是一个文件系统,它也遵循按块的方式进行文件操作的原则。在默认情况下,HDFS 块的大小为 64MB。也就是说,HDFS 上的文件会被划分为多个大小为 64MB(缺省时)的数据块。当一个文件小于 HDFS 块的大小时,HDFS 不会让这个文件占据整个块的空间。一般来说,HDFS 的块要比磁盘的块要大,因为如果 HDFS 块太小,那么大量的时间将会花在磁盘块的定位时间上,如果这个块足够大,那么就可以减少定位这个块开始端所需要的时间,即减小了寻址开销。

在分布式文件系统中使用块的方式会有以下三个好处。

(1) 一个文件可以大于网络中任意一个磁盘的容量。文件是以块的方式进行存储,这些文件分块不需要存储在同一个磁盘上。这也正是使用分布式文件存储大数据的原因。

(2) 使用块而不是文件可以简化存储子系统。因为块的内容和块的数据是分开存放和处理的,所以可以分而治之来管理。

(3) 块适合于提供容错和复制操作。每个块都会以副本的形式在其他机器上进行存储,这样可以防止当磁盘发生故障时导致数据的丢失,当一个块损坏时,系统会从其他节点读取另一个副本。

2) 名称节点与数据节点

HDFS集群中有两类节点,以主从模式运行。一类是名称节点(namenode),也是主服务器,另一类是数据节点(datanode),也是从服务器。一般在一个集群中只有一个名称节点和有多个数据节点。

名称节点管理文件系统的命名空间,它维护着这个文件系统树及这个树内所有的文件和索引目录。它以命名空间镜像和编辑日志两种形式将文件永久保存在本地磁盘上。名称节点也记录着每个文件的每个块所在的数据节点,但它并不永久保存块的位置,因为这些信息会在系统启动时由数据节点重建。

数据节点负责文件数据的具体存储。它们存储并提供定位块的服务,并且定时向名称节点发送它们存储的块的列表。

没有名称节点,文件系统将无法使用,如果运行名称节点的机器损坏,文件系统上所有的文件将会丢失。所以HDFS提供了两种机制来解决因为名称节点无法使用而给整个系统带来的风险。第一种方法是复制组成文件系统的元数据为持久化的文件,最常用的配置方法就是在本地磁盘写入的同时,写入到一个远程的NFS挂载的磁盘中。第二种方法是运行一个二级名称节点,它会保存通过编辑日志合并后的命名空间镜像副本,只能在名称节点失效后才能够使用。

下面对HDFS的运行机制进行简单的介绍。

HDFS采用流式数据访问模式来读取数据。其中客户端和名称节点(namenode)之间传递的是指令流;客户端和数据节点(datanode)之间传递的是数据流。下面通过客户端、名称节点和数据节点之间的指令流和数据流来分析HDFS的运行机制。

(1) 文件读取。

文件读取的数据流和指令流如图2.6所示,该图所表示的是一个跨多节点的进行文件读取内部事件时序,对用户而言,这一切都是透明的。

图中对文件进行读取一共有5个步骤,下面分别对每个步骤的操作过程进行简单说明。

第1步:HDFS客户端调用DistributedFileSystem的open()函数打开指定的文件。

第2步:DistributedFileSystem用RPC调用元数据节点,得到文件的数据块信息。对于每一个数据块,元数据节点返回保存数据块的数据节点的地址。DistributedFileSystem返回FSDataInputStream给客户端,用来读取数据。

第3步:客户端调用DFSIuputStream的read()函数开始读取数据。

第4步:数据节点将块数据返回给客户端,块数据读取完毕后,DFSInput-

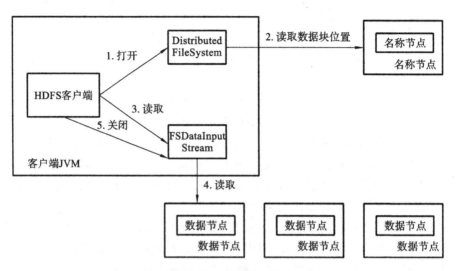

图 2.6 文件读取过程

Stream 对象将关闭与该数据节点的连接,然后连接此文件下一个数据块的最近的数据节点,读取数据。重复此步骤至所有的数据块读取完毕。

第 5 步:HDFS 客户端从流中读取数据时,当客户端数据读取完毕的时候,就调用 FSDataInputStream 的 close()函数关闭该数据输入流。

在客户端读取数据时,如果客户端与数据节点的通信中出现错误,客户端便会尝试连接包含此块数据的下一个数据节点。客户端会记住故障节点,以保证不再对此块进行尝试。

这种由客户端直接联系名称节点指定的块所在的数据节点的设计模式,可以把数据流动分散在各数据节点上进行。这样设计的好处有:一是可以扩展客户端的并发数量,二是名称节点只采用指令流与客户端进行块位置信息的交互,而不提供数据,可以避免名称节点成为数据读写的"瓶颈"。

(2) 文件写入。

文件写入的数据流和指令流如图 2.7 所示,它比数据读取的步骤要复杂一些,因为它需要在写入时进行副本的复制操作。文件写入的流程也是一个跨多节点的文件写入内部事件时序,对用户而言,这一切也都是透明的。

在图中,从客户端发起创建请求到关闭共有 7 个步骤,下面分别对每个步骤的操作过程进行简单说明。

第 1 步:HDFS 客户端调用 DistributedFileSystem 对象的 create 方法,创建一个文件输出流(DFSOutputStream)对象。

第 2 步:通过 DistributedFileSystem 对象与 Hadoop 集群的名称节点进行一次

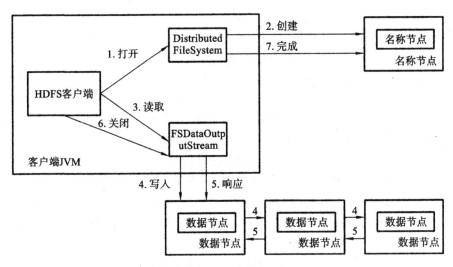

图 2.7 文件写入过程

RPC 远程调用,在 HDFS 的 Namespace 中创建一个文件条目。

第 3 步:通过 DFSOutputStream 对象,向数据节点写入数据,数据首先被写入 DFSOutputStream 对象内部的 Buffer 中,然后数据被分割成一个个 Packet 数据包。

第 4 步:以 Packet 为最小单位,基于 Socket 连接发送到按特定算法选择的 HDFS 集群中一组数据节点(正常是 3 个,可能大于等于 1 个)中的一个节点上,然后在这组数据节点组成的管线上依次传输 Packet 数据包。

第 5 步:这组数据节点组成的管线反方向发送确认响应,最终由管线中的第一个数据节点将确认响应发送给客户端。

第 6 步:完成向文件写入后,客户端就会在文件输出流(DFSOutputStream)对象上调用 close() 函数,关闭数据流。

第 7 步:调用 DistributedFileSystem 对象的 complete() 函数,通知名称节点文件写入成功。

在数据写入期间,如果数据节点发生故障,那么管线首先会被关闭,并且把队列中的所有 Packet 数据包都退回到数据队列中,以确保不会由于节点故障而丢失任何数据包,故障节点会从管线中删除,余下块的数据会写入管线中剩余的两个好的数据节点。

3. 分布式并行计算框架 MapReduce

MapReduce 是一种分布式软件编程框架,按照这个框架,分布式编程会变得很容易。无论是 HDFS 分布式文件系统还是 HBase 分布式数据库系统,其非结构化数据处理和结构化数据处理都是依赖于 MapReduce 来进行的,如文件的读写、数据库的增删改查都需要经 MapReduce 的函数处理才能完成。

MapReduce 的运行依赖于分布式作业系统。分布式作业系统也是主从模式的,它由一个作业主节点(JobTracker)和多个任务从节点(TaskTracker)构成。MapReduce 的客户端向作业主节点发出一个数据处理请求,JobTracker 接收到请求后,会将 MapReduce 的程序代码通过网络传输到多个 TaskTracker 上,由多个作业节点调用 MapReduce 程序对本地的数据进行处理。

MapReduce 的函数从代码层面来看,由一个 map()函数和一个 reduce()函数构成。map()函数用于数据的分析,reduce()函数用于对分析结果的归纳处理。map()函数和 reduce()函数均采用＜key,value＞键值对作为数据输入输出的结构。

想要掌握 MapReduce 分布式编辑模型,必须要对几个重要的概念理解清楚,主要有 map()函数、reduce()函数、＜key,value＞键值对、分布式作业系统等。下面将对这些内容进行简单的介绍。

1) map()函数

map()函数的输入数据是由任务节点分配的预先已分割成固定大小的数据片段(splits),也就是数据节点上的一个数据块(默认是 64MB)。这个数据片段是由任务节点将其变为一组＜key,value＞键值对逐条传递给 map()函数的,这组键值对叫作源键值对。

Hadoop 会为每一个 split 创建一个 map 任务,这个任务是用 map()函数对源键值对的键和值按程序定义的规则进行处理,生成中间键值对。比如,取出源键值对值中的一个单词作为中间键值对,将单词在值中的出现次数作为值。如果将源键值对抽象地看作＜K1,V1＞,那么中间键值对会被抽象地看作＜K2,V2＞。map()函数的数据流模型如图 2.8 所示。

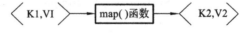

图 2.8　map()函数的数据流模型

对于中间结果,可以指定另一个处理函数进行排序处理,这个处理函数叫 combine,其处理的输入是＜K2,V2＞,也就是 map()函数的输出,处理方法是将 K2 值相同的 V2 值组合成一个数组,形成＜K2,[V2-1,V2-2,…]＞的键值对。这就形成了 map 阶段最终端的输出键值对。

在这里要注意 map 阶段、map 任务、map()函数、combine()函数四者的不同。

map 阶段是由 map() 函数调用活动和 combine() 函数活动按先后时序构成的一个活动阶段;map 任务是调用 map() 函数的组织工作,是分布式作业系统通过驱动 map 任务来调用 map() 函数的;map() 函数是指对源键值对的处理函数。combine() 函数是指对 map() 函数的输出结果进行组合的函数。

2) reduce() 函数

任务节点首先会把不同 map 任务输出的中间数组整合起来并进行排序产生 <K2,[V2-1,V2-2,…]> 键值对,然后调用用户自定义的 reduce() 函数,对输入的 <K2,[V2-1,V2-2,…]> 键值对进行处理,得到键值对 <K3,V3>,并将结果输出到 HDFS 上。<K3,V3> 又叫目标键值对。reduce() 函数的数据流模型如图 2.9 所示。

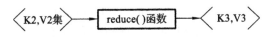

图 2.9 reduce() 函数的数据流模型

reduce 任务的数量是由 mapred-site.xml 配置文件中的 mapred.reduce.tasks 的属性值来决定的,该属性值的默认值是 1。开发人员可以通过调整配置文件或 job.setNumReduceTasks() 的方法进行设定。

将 map 任务输出的中间数组整合起来的工作称为 shuffle 过程,它将输出的结果按照 key 值分成 N 份(N 是 Reduce 的任务数),其划分方法采用哈希函数,如 "hask(key) mod N"。这样可以保证某一范围内的 key 由统一的 Reduce 来集中处理。

同 map() 函数一样,reduce() 函数也要注意 reduce 阶段、reduce 任务、reduce() 函数这三者的不同。reduce 阶段是由 shuffle() 函数调用活动和 reduce() 函数按先后时序构成的一个活动阶段;reduce 任务是调用 reduce() 函数的组织工作,是分布式作业系统通过驱动 reduce 任务来调用 reduce() 函数的;reduce() 函数是指对中间键值对的处理函数。

3) 键值对

<key,value> 是键值对,key 本质上是一个广义数组的下标,而 value 是一个这种广义数组下标对应的值,所以大家可以把键值对理解成一个数组的下标和值。采用键值对作为原始数据、中间数据到目标数据的一种描述方式,这种方式去掉了数组名和数组值的型,只留其关键的部分。这种方式的好处,一是可以使 MapReduce 这种分布式编程模型适合非结构化、结构化、半结构化的开发,不用受到值类型的约束;二是也符合于布式作业系统遵循好莱坞原则的设计思想,无论是什么样的 MapReduce 应用,其传入传出参数方式对外都一样,而键和值的不同都封装在

MapReduce 的函数内部来处理；三是编程模式非常简单，各阶段的处理数据无论是否有键，也无论是否有值，对于分布式作业系统和 MapReduce 来说都不用改变规则来处理。

在 MapReduce 处理阶段中键值对分为源键值对、中间键值对、中间集合键值对和目标键值对四种类型。

（1）源键值对是由分布式作业系统基于数据节点上的数据块生成的键值对。其键可以是内容的位置序号，也可以是数据块本身已有的键。键值的生成方式则以在 MapReduce 提交任务运行时指定。

（2）中间键值对是 map() 函数处理后的键值对，其键和值将根据 Map 定义的规则来生成。

（3）中间集合键值对是由 map 阶段的 combine() 函数基于中间键值对按照 key 值相同的原则进行集合归类生成的。这样可以减少传输数据量和网络带宽的消耗。

（4）目标键值对是 reduce() 函数处理后的键值对，其键和值将根据 Reduce 的定义规则来生成。

下面对 HDFS 的运行机制进行简单的介绍。

分布式作业系统是一个复杂的系统，保障其高效、可靠、安全地运行是系统设计目标之一。分布式作业系统建立了 MapReduce 的作业从运行开始直到运行完成的作业运行机制，同时也建立了作业调度、任务执行故障处理的作业管理机制，通过这些机制的建立来确保设计目标的实现。在这里我们主要介绍作业运行机制。

MapReduce 的 map 任务和 reduce 任务都是在 JobTracker 的统一调度下由 TaskTracker 来执行的。而任务从发起到执行返回，一切都源于 MapReduce 提交作业的那一刻。在作业提交到 JobTracker 服务端的过程中，JobTracker 提供给 MR 客户端 JobClient 的 runjob 做了大量的工作。整个 MapReduce 的运行时序关系图如图 2.10 所示。

从图中可以看出，MapReduce 程序的运行时序共有 10 个步骤，下面对每一个步骤进行具体分析。

第 1 步：申请作业。

MR 客户端调用作业 job 接口，按照作业接口的要求设置作业名称、输入数据路径、输出数据路径、输入数据的格式、输出数据的格式、MapReduce 的 Jar 类路径、map 类的类名、reduce 类的类名等信息，并调用 Job 接口发出作业申请。

第 2 步：获取作业 ID。

JobClient 与 JobTracker 建立通信连接，申请获取一个新的作业 ID，然后 Job-

2 大数据分析平台软件技术基础架构

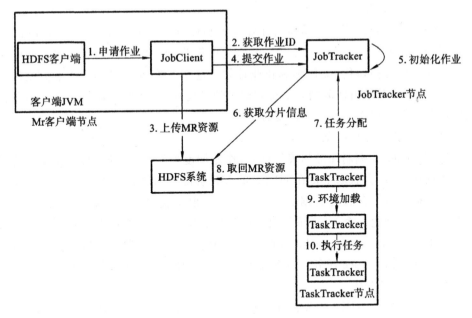

图 2.10 MapReduce 的运行时序关系

Tracker 返回一个新的作业 ID 给 MR 客户端。

JobClient 先检查数据输出路径是否设置,如果没有设置则返回出错信息给客户端。JobClient 与 NameNode 建立通信连接,检查设置数据输出路径是否已经存在,如果已存在则返回出错信息给客户端。

JobClient 再检查数据输入路径是否设置,如果没有设置则返回出错信息给客户端。JobClient 与 NameNode 通信,获取输入路径指向的文件的分片信息,如果无法获取,则返回出错信息给客户端。

第 3 步:上传 MR 资源。

JobClient 调用 HDFS 提供的文件接收 FileSystem,将作业所需的 MapReduce 的 Jar 文件、配置文件和计算所得的输入分片信息,上传到以作业 ID 命名的目录中。同时根据配置参数 mapred.submit.replication 的值,在目录中进行 Jar 副本的复制。

第 4 步:提交作业。

JobClient 在第 2 步、第 3 步成功完成后,向 JobTracker 发出作业环境已准备好的信息。之后 MR 客户端将每秒轮询作业的执行进度,将作业过程中的信息输出到控制台。作业成功完成后,将显示作业的计数器信息。如果作业失败,则将作业失败信息显示在控制台上。

第 5 步：初始化作业。

JobTracker 自此真正开始履行作业调度和任务分配的工作职责。JobTracker 会将提交的作业放入一个内部队列，该队列由作业调度器进行调度。作业调度器会对该作业进行初始化，类似编制作业计划。这个工作包括创建一个维护该作业的上下文对象，对象由任务列表信息和记录信息构成，作业调度器将依据这些条目获取任务的状态和作业的完成进度信息。

第 6 步：获取分片信息。

JobTracker 在编制任务列表信息时，作业调度器调用 HDFS 的文件系统访问接口依据作业 ID 去获取上传在 HDFS 的 MR 资源中的输入分片信息，也就是输入文件的数据节点上存放的数据块的信息。然后根据获取的分片信息，对每一个分片在任务列表创建一个 map 任务项。任务列表中 reduce 任务项的数量将会由配置文件中 mapred.reduce.tasks 的值来决定，作业调度器根据这个值在任务列表中创建相应数量的 reduce 任务。每个任务都会有个 ID 号，记录在任务列表中。

第 7 步：任务分配。

TaskTracker 会定期发送心跳信息给 JobTracker，一方面是告诉 JobTracker 它是否还存活，另一方面也是双方的信息交互通道。每一次发送的心跳信息中包含有 TaskTracker 是否已经准备好运行新的任务，如果已经准备好，JobTracker 将会为其分配一个任务列表中的任务。

针对 map 任务和 reduce 任务，TaskTracker 有固定数量的槽，用以在说明任务节点的同时确定运行任务的数量，任务的数量将由 TaskTracker 设置的槽的数量和所在机器的内存情况来决定。

TaskTracker 在执行任务时遵循这样的准则：在处理槽中的 reduce 任务之前，会先填满空的 map 任务槽。

要选择一个 reduce 任务，JobTracker 只是简单地从尚未运行的 reduce 任务列表中选取下一个来执行；对于 map 任务，JobTracker 会考虑 TaskTracker 的网络位置并选取一个离输入分片最近的 TaskTracker。在理想情况下，map 任务的执行都是数据本地化的，即输入分片与 TaskTracker 是在一个机器节点上。

第 8 步：取回 MR 资源。

TaskTracker 已经被分配了任务，在任务执行前，它将通过 HDFS 的文件系统访问接口，依据作业 ID 去获取上传在 HDFS 的 MR 资源中的 Jar 文件，并将其复制到 TaskTracker 所在机器的本地磁盘中。同时将应用程序所需要的全部文件从分布式缓存中复制到本地磁盘中，在本地磁盘中为任务新建一个工作目录，将 Jar 文件解压到这个工作目录下。

第 9 步：环境加载。

TaskTracker 会新建一个 TaskRunner 实例来运行分配的任务。TaskRunner 是一个本地的 Java 虚拟机，它是 TaskRunner 的一个子进程，在这个子进程上来执行分配的任务。这样做的目的是屏蔽因为用户编制的 map() 函数和 reduce() 函数对 TaskTracker 的影响。

父子进程通过 unbilical 接口与父进程通信。子进程会每隔几秒告知父进程它的进度。

第 10 步：执行任务。

TaskRunner 启动一个本地的 Java 虚拟机，作为它的一个子进程，在这个子进程上来执行分配的任务。该子进程会根据任务的性质来调用用户编制的 map() 函数和 reduce() 函数。

4. 分布式数据库 HBase

HBase 是一个构建在 HDFS 之上的分布式面向列存储的数据库系统。尽管已经有很多数据存储、访问的策略和实现方法，但不可否认的是大多数关系型数据库系统都是重数据生产，轻数据应用的，具体表现为都没有考虑到大规模数据和分布式的特点。

许多关系型数据库系统通过复制和分区的办法来扩展数据库，使其突破单个节点的限制，一是这些功能通常是后加的，安装和维护复杂；二是原有的代码也需进行重构来适应变化。HBase 是从另一个角度来解决处理伸缩性的问题的。它通过线性方式来不断增加节点进行规模的扩展，数据库表结构可以动态扩展，随着时间变化，同一个数据库表的表结构可以不同。

HBase 在设计时主要需要考虑以下六个问题。

（1）HBase 在读和写时要遵循一定的规则。HBase 的文件管理是继承的 HDFS 文件系统管理，集成了 HDFS 文件系统的文件创建、存储、读写等方式，但所有 HBase 的文件中的内容是有统一结构的。HBase 的文件内容格式是 HDFS 文件内容格式的一个特例，是一种有结构的内容存储格式。

（2）HBase 要求结构统一。传统的关系型数据库是以关系型记录的方式进行存储的。这种方式会使数据库结构过于严格，当数据库表结构变化时，相应的整个表的存储也要跟着变化。对 HBase 而言，无论外部表现的结构字段是多少，其内部存储的结构始终不变，并且允许同一个表的结构也可以随时间变化而动态变化。

（3）HBase 需要支持动态的数据库表访问。由用户来指定要访问的表名、表列、表行，然后 HBase 根据用户要求来组织对数据库表的访问，而不以强制约束的固定语言结构，如 SQL 来实现对数据库表的访问。

（4）HBase 的查询性能不会因为数据量的不断增长而降低。而这点也是传统的数据库最为薄弱的地方。

（5）HBase 还应该在数据量不断增长时，允许快速地、动态地加入物理节点。节点的加入不会影响数据库的性能，也不会带来数据处理逻辑的变动。

（6）HBase 应提供各类接口供不同的客户端访问，如采用 Web 的方式访问接口、Java 的 API 接口、直接 REST 协议的接口等。

分布式数据库也是一种数据库，数据库必然是由表、行、列、键、数据内容等构成。分布式数据库的表、行、列、键等内容名称与传统关系型数据库虽然相同，但其含义存在一定区别，并且由于分布式的特点，分布式数据库还引入了一些新的概念，要掌握分布式数据库，就必须从了解这些基本概念开始。

HBase 的表和传统数据库表不同，它是一个多表集合的表，与主题库的概念类似。传统的数据库表只存储一个结构的所有数据，比如学生表、成绩表等。而分布式数据库表的概念是一个与主题相关的多个表都存在这张表中，比如一个学校主题库，学校主题库由学校的教职工信息、财务信息、学生信息等构成，这些表虽然结构不同，但有一个特征，就是主键（也即行键）都是学校的编号。

HBase 的数据库表在逻辑上也是在表格里存储了多行数据。本质上每行也是一个关系型记录。HBase 数据库表上的每行是由行关键字（row key）、数据的列（column）、时间戳（time stamp）三个部分构成，其中数据的列是动态可变的，如果假定其不变的话，用户可以将 HBase 表理解为由三个字段，即行 ID、内容、时间构成的一个关系表。

（1）行关键字。

行关键字是在表中的唯一标识，这里的唯一是区别于其他行键的，不是说在这个表中只有唯一一行的意思，而是这个行关键字在表中物理存储时会有多行。在 HBase 中行键也作为索引的主键。在 HBase 中访问表中的行有三种方式，一是通过单个行键访问；二是给定行键范围访问；三是全表扫描。行键可以是任意不大于 64KB 的字符串，它不是按照数据存入数据库的时间顺序进行存储的，而是按照字典序进行顺序存储的。

（2）数据的列。

列定义为<family>:<label>（<列簇>:<标签>），通过列簇和标签唯一地确定一个数据存储的数据。列簇的定义和修改操作需要有管理员权限，而标签可以随时增加。用户可以简单地理解为列簇就是表名、标签就是字段名。HBase 在磁盘上是按照列簇来存储数据的，一个列簇里的所有项都有相同的读写方式。

(3) 时间戳。

时间戳是每次数据操作时系统产生的时间。HBase 的更新操作有时间戳，对每个数据单元，只存储指定个数的最新版本，客户端可以指定查询某个时刻的数据，或者一次得到所有数据的版本。如果查询时没有指明时间戳，那么会返回指定最新的数据值，并且最新的值在表格里也是最先找到的，这也就是经常说的倒排方式。

如果将逻辑模型理解为 HBase 中一个行整体是由 N 个列簇构成的整体模型的话，那么物理模型就是 HBase 中实际存储的具体方式。一个行逻辑上由 N 个列簇构成，而在物理上，HBase 表是由行＋列簇＋时间三列构成的 N 行。从物理上看，所有列簇成员在文件系统中被存储在一起。所以 HBase 是一种面向列的存储，确切地说是面向列簇的存储。下面，我们将在物理模型方面对 HBase 的基本概念进行简单的介绍。

(1) 区域。

表在 HBase 上存储的地方即为域，每个区域包含表中所有行的一个子集。一个表的域初始只有一个域，这个域中存着表的数据，由于表会随着时间变化其数据规模将不断增大，一个域到了一定存储量时，将会划分成大小差不多的两个新区域。在第一次划分开始前，所有正在载入的数据将会存在主机服务器上。划分后，一张表就有了两个域，分别存放在两台机器上。区域是分散在 HBase 集群上的单元，也是程序运行处理的运算对象单元，因此对于任何一个服务器，再大的表都可以由服务器集群来处理。它们通过管理整个区域某部分的节点来管理整个表。原则上在一台机器上一个表只有一个域，一台机器上可以存放多张表。

(2) 基本单元。

HBase 分布式数据库中有四个基本单元，分别是表、行键、列簇、区域。对于客户端而言，用户的请求总是对应着一张表的，无论 HBase 的表内是否还有表，用户只知道外部表的存在。对于表中的列簇，通俗地说是用户访问这张表的内部表，用户通过指定外部表名和列簇就可以访问到表中列簇对应的数据内容，行与列定位的数据也叫单元数据。所以表是用户与 HBase 进行交互的一个基本单元之一。

表中行键的值是以字节数组的形式存在的，行键是确定行在表中的唯一标识。表用行键对表里的行进行排序，对于一些经常需要同时读取的行，在对 HBase 表进行设计时需要注意把它们集中存储在一起，以便能够快速读取数据。表中的行键对于用户而言，是定位表中行的一个概念单元；对于开发人员而言，是一个需要重点设计的单元；对于系统存储而言，是数据排序的唯一依据单元。

(3) Region 服务器。

Region 是 HBase 中分布式存储和负载均衡的最小单位,一个表的区域会分布在不同的 Region 服务器上。一个 Region 内的数据只会存储在一台服务器上。物理上所有数据都通过调用 HDFS 的文件系统接口存储在机器上,并由 Region 服务器来提供数据服务。通常一台机器上运行一个 Region 服务进程(RegionServer),每个进程管理多个 Region 实例。

一个 RegionServer 在机器上只维护一个 HLog,它是用来做灾难备份的,它使用的是预写式日志。在集群模式下运行时,HLog 日志的文件写在 HDFS 分布式文件系统中,而不是写在本地机器中。这样即使 RegionServer 所在机器发生故障,也不会丢失。当 Master 主服务器知道一个 RegionServer 失效后,它会按 RegionServer 的区域划分提交日志,即每个 Region 一个日志,在新的机器节点加入进来后,Master 主服务器会将 Region 划分逐个恢复到机器上,然后重新运行。

来自不同表的 Region 日志写在单个文件中,这样做的好处是可以减少为了写多个文件而对磁盘的寻址次数,缺点是如果一台 RegionServer 失效,为了恢复其上的 Region,就需要将 HLog 拆分,然后分发到其他服务器来恢复 Region。RegionServer 内部结构逻辑模型如图 2.11 所示。

(4) Master 主服务器。

HBase 在集群中某个时段内只有一个 HMaster(主服务器)在运行,HMaster(主服务器)是一个内部管理者,它主要管理的对象是逻辑 Region 和 Region 服务器,它负责将 Region 分配给 Region 服务器,协调 Region 服务器的负载等;它主要的协同对象是 Zookeeper,通过 Zookeeper 感知到 HRegionServer 的故障终止后,并处理相应的 HLog 文件,然后将失效的 Region 进行重新分配。它不和 HBase 客户端进行交互。这是它与 HDFS 客户端和 MapReduce 客户端的不同之处。

由于 HMaster 只维护表和 Region 的元数据而不与数据产生输入输出过程,HMaster 失效仅会导致所有的元数据无法被修改,但表的数据读写还是可以正常进行的。

(5).META. 元数据表。

一个表对应多个 Region 的元数据,如表名、表在 Region 的起始行、结束行、Region 所在的机器 IP 地址等这些元数据都会被存在 HBase 创建的.META. 表中。随着 Region 的增大,.META. 表的数据也会增大,.META. 表也会被分到多个 Region。为了定位.META. 表在哪些机器的 Region 上,又需要把.META. 表对应的多个 Region 的元数据,如.META. 表中涉及的表名、.META. 表所在 Region 的机器的 IP 地址等保存到 HBase 创建的一个-ROOT-表中。.META. 表的 Region 与各

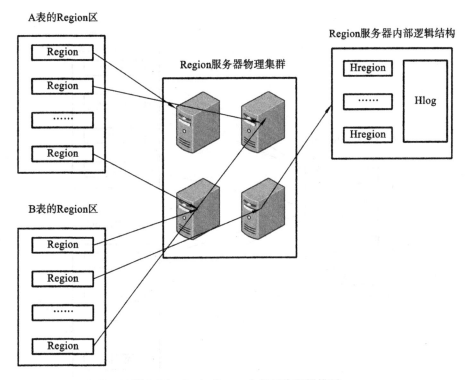

图 2.11 RegionServer 内部结构逻辑模型

个表的 Region 之间的关系如图 2.12 所示。

.META. 表是用来说明各个表所在 Region 和各个表起始行键这些表的内部信息的。当用户要访问某张表的某个行的信息时,就需要在.META. 表进行查询是否有此表,表所在的行是否存在,如果行存在是在哪些 Region 上的,以便用户可以快速定位 Region,并与 Region 进行数据交互。

(6) -ROOT-数据表。

-ROOT-表是所有.META. 表所在 Region 的统一代理,是用户访问表数据时必经的关口,只有从-ROOT-表中取到.META. 表的信息,才能获悉 Region 所在机器的地址信息,才能与其建立联系,从而实现对数据的访问。-ROOT-表永远不会被分割成多个区域,它只存在于一个 Region 中,这样可以保证最多需要三次跳转——-ROOT-表、.META.、Region 服务器,就可以定位所需的 Region。

客户端会将查询过的位置信息缓存起来,且缓存不会主动失效。当客户端根据缓存信息访问不到数据时,则询问持有相关.META. 表的 Region 服务器,试图获取位置信息,如果还是失效,则询问-ROOT-表相关的.META. 表在哪里。最后

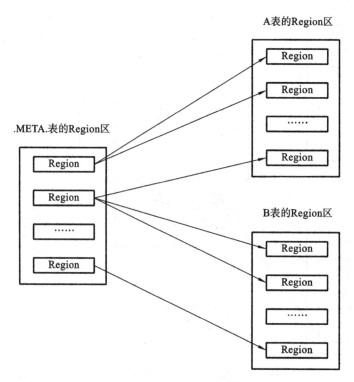

图 2.12 .META.表的 Region 与各个表的 Region 之间的关系

如果前面的信息也失效,则通过 Zookeeper 重新定位 Region 信息,所以如果客户端上的缓存全部是失效的,则需要进行 6 次网络来回,才能定位到正确的 Region。-ROOT-表与.META.表的关系模型如图 2.13 所示。

-ROOT-表的位置信息是在 Zookeeper 中的一条记录。所有客户端访问用户数据前都需要先访问 Zookeeper 以获得-ROOT-表所在 Region 的位置信息,然后访问-ROOT-中.META.表的位置,最后根据.META.表中的信息确定用户数据所存放的 RegionServer 服务器地址。

下面对 HBase 的运行机制进行简单的介绍。

分布式数据库系统的操作请求主要是由客户端发起,在运行过程中 HMaster 不主动参与数据读写,而是由客户端与 HRegionServer 进行交互。客户端根据数据库的大小可以同时向多台 HRegionServer 发起请求,HRegionServer 以分布式并行的方式来处理请求。

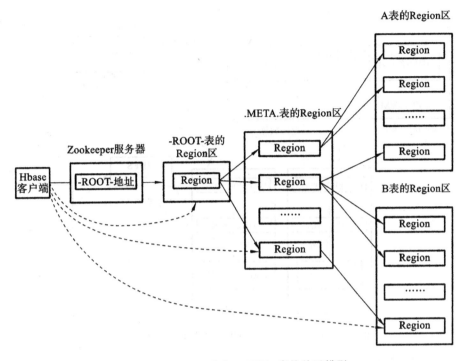

图 2.13 -ROOT-表与.META.表的关系模型

HBase 客户端与 HBase 系统的运行时序关系图如图 2.14 所示。

从图 2.14 所示的运行时序图可以看出整个运行过程共有 7 个步骤,下面对每一个步骤进行分析。

第 1 步:读写请求。

HBase 客户端调用 HBase 的 client 端接口,告诉 HBase 系统要访问的数据库表名、列簇、行信息等。

第 2 步:缓存查询。

客户端会缓存它们已知的所有-ROOT-和.META.的地址,以及用户空间的起始行和结束行。HBase 的 client 端先在自己的缓存中查询 HRegionServer 的主机节点,当查找不到时,则会向 Zookeeper 发起请求查询-ROOT-的位置信息。

第 3 步:获取-ROOT-。

客户端连接到 Zookeeper 后,获取到-ROOT-的地址。然后根据-ROOT-地址查找.META.区域的地址。在.META.表中存有所有要查询行的信息,客户端根据行信息在.META.表中查询行所对应的用户空间区域和 HRegionServer 的地址,然后客户端就可以与 HRegionServer 进行交互了。

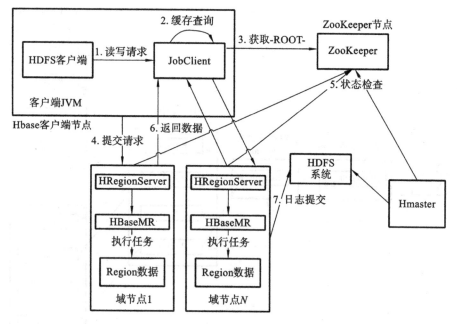

图 2.14 HBase 客户端与 HBase 系统的运行时序关系图

第 4 步:提交请求。

客户端与 HRegionServer 建立连接,并提交客户的请求。客户端会根据. META. 表中返回的 HRegionServer 机器数量来与这个机器建立连接,并提交请求。如果只是写入请求,则客户端只和一台 HRegionServer 机器建立连接,并发出写的请求。

第 5 步:状态检查。

当 HRegionServer 接收到请求后,如果是写请求,它会先把操作请求载入到提交日志中,将其加入内部缓存中进行处理;同时需要向 Zookeeper 发出写行锁的申请,将要写入的行进行加锁。

如果是读取操作,HRegionServer 首先查询分布式缓存,如果满足客户要求则返回,否则要读取 Region 数据到内存进行查询。

第 6 步:返回数据。

当 HRegionServer 接收到请求并处理后,会将数据返回给客户端,至此用户的一个提交请求就结束了。结束后 HRegionServer 并不会将缓存文件清空,它可以加速下一次的操作请求。

第 7 步:日志提交。

日志数据先是存在每个 HRegionServer 的内存中,当达到一定阈值之后将其写入本地磁盘。然后由一个后台线程将其写到 HDFS 文件系统中,写完后告知 HMaster 主服务器,主服务器在监控 HRegionServer 失效后,可以将该域的日志文件从 HDFS 取出分配给新的节点。

很多用户会奇怪,在 HBase 集群中一个表的多个 Region 域在多台 Region 服务器上,但每个服务器上只有这个表的一个 Region 数据块,一旦这个 Region 服务器坏了,数据库表的数据不就丢失了吗?实际上日志数据就是做灾难备份的,存在 HDFS 上,而不存在 HRegionServer 中也就是这个道理。当一个 Region 服务器坏了,HMaster 主服务器可以从 HDFS 取回日志来恢复 Region 服务器失效之前的数据,并将其写入新的 HRegionServer 中。

5. 实时计算 Storm

Hadoop 主要专注于批处理,但是当我们需要处理一些实时信息的时候,Hadoop 就显得力不从心。为了解决这个问题,一系列实时计算框架应运而生。Nathan Marz 推出的 Storm 是应用最广泛的计算框架之一。Storm 与 Hadoop 相比存在很多不同之处,首先,Hadoop 主要处理大量的离线数据,这些离线数据必须已经存放在 HDFS 或者 HBase 中,而 Storm 是一个实时的流计算框架,处理的数据是在实时消息队列中。Hadoop 关注的数据是一次写入,多次查询,而 Storm 关注的数据是多次处理,一次写入。Hadoop 往往只在业务有需要时才调用数据,而 Storm 在系统运行起来后是持续不断调用数据的。

Storm 具有很多的特点,如使用场景广泛、处理速度快、健壮性强、高可靠、可水平扩展、容错性好、快速、保证数据无丢失、拥有简单的编程模式等。这就确保了 Storm 包含比 Hadoop 更智能的处理方式,流程会由监管员来进行管理,以确保资源得到充分使用。

Storm 是一套分布式的、可靠的、可容错的用于处理流式数据的系统,处理工作会被委派给不同类型的组件,每个组件负责一项简单的、特定的处理任务,如 Storm 集群的输入流由名为 Spout 的组件负责,Spout 将数据传递给名为 Bolt 的组件,后者将以某种方式处理这些数据等。在这里我们将对这些概念进行简单的介绍。

1) 主节点

主节点通常运行一个后台的守护进程,名为"Nimbus",用于分配代码、布置任务、检测故障、响应分布在集群中的节点。它的作用类似 Hadoop 里面的 JobTracker。

2) 工作节点

每个工作节点同样会运行一个后台守护进程,名为"Supervisor",用于监听主节点指派的任务并基于要求开始并终止工作进程。Nimbus 和 Supervisor 都是快速失败和无状态的,这样一来它们就变得十分健壮。它的作用类似 Hadoop 里面的 TaskTracker。

3) Zookeeper

Zookeeper 是完成 Supervisor 和 Nimbus 之间协调的服务。而应用程序实现实时的逻辑则被封装进 Storm 中的"Topology"里。

4) Topology

Topology 是 Storm 中运行的一个实时应用程序,因为各个组件间的消息流动形成逻辑上的一个拓扑结构。一个 Topology 是由 Spouts(数据源)和 Bolts(数据操作)组成的,通过 Stream Groupings 进行连接。一个 Topology 相当于一个 MapReduce Job。

5) Tuple

Tuple 是一次消息传递的基本单元。本来应该是一个 key-value 的 map,但是由于各个组件间传递的 Tuple 的字段名称已经事先定义好,所以 Tuple 中只要按序填入各个 value 就行了,所以它就是一个 Value List。

6) Stream

源源不断传递的 Tuple 组成的一条有向无界的数据流就是 Stream。

7) Spout

Spout 是在一个 Topology 中产生源数据流的组件。通常情况下 Spout 会从外部数据源中读取数据,然后转换为 Topology 内部的源数据。Spout 分成可靠和不可靠两种。当 Storm 接收失败时,可靠的 Spout 会对 Tuple 进行重发;而不可靠的 Spout 不会考虑接收成功与否,只发射一次。

8) Bolt

Bolt 是在一个 Topology 中接收数据然后执行处理的组件。Bolt 执行过滤、合并、函数操作、访问文件/数据库等操作。Bolt 从 Spout 中接收数据并进行处理,如果遇到复杂流的处理也可能将 Tuple 发送给另一个 Bolt 进行处理。

9) Stream Grouping

Stream Grouping 定义了一个流在 Bolt 任务间该如何被切分。这里有 Storm 提供的 6 个 Stream Grouping 类型。

(1) 随机分组(Shuffle Grouping):随机地把 Tuple 分发到 Bolt 的任务中,保证每个 Bolt 获得相等数量的 Tuple。

(2) 字段分组(Fields Grouping):根据指定字段分割数据流,并分组。例如,根据"user-id"字段,相同"user-id"的元组总是分发到同一个 Bolt 的任务中,不同"user-id"的元组可能分发到不同的 Bolt 的任务中。

(3) 全部分组(All Grouping):Tuple 被复制到所有的 Bolt 中。

(4) 全局分组(Global Grouping):全部 Tuple 都分配到一个 Bolt 的同一个任务中。

(5) 无分组(None Grouping):你不需要关心 Stream 是如何分组的。目前,无分组等效于 Shuffle Grouping。但最终,Storm 将把无分组的 Bolt 放到 Bolt 或 Spout 订阅它们的同一线程去执行(如果可能)。

(6) 直接分组(Direct Grouping):这是一个特别的分组类型。消息发送者决定 Tuple 由消息接收者的哪个 Task 接收并处理。

Storm 的工作流程如图 2.15 所示。

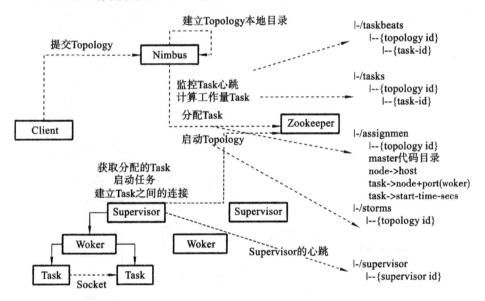

图 2.15　Storm 的工作流程

第 1 步:客户端提交 Topology 到 Nimbus。

第 2 步:Nimbus 针对该 Topology 建立本地的目录,根据 Topology 的配置计算 Task,分配 Task,在 Zookeeper 上建立 Assignments 节点存储 Task 和 Supervisor 机器节点中 Woker 的对应关系。

第 3 步:在 Zookeeper 上创建 Taskbeats 节点来监控 Task 的心跳,启动 Topology。

第 4 步:Supervisor 去 Zookeeper 上获取分配的 Task,启动多个 Woker 进程,每个 Woker 生成一个 Task,一个 Task 一个线程;根据 Topology 信息初始化建立 Task 之间的连接;Task 和 Task 之间是通过 ZeroMQ 管理的。

所有 Topology 任务的提交必须在 Storm 客户端节点上进行（需要配置 storm.yaml 文件），由 Nimbus 节点分配给其他 Supervisor 节点进行处理。Nimbus 节点首先将提交的 Topology 进行分片，分成一个个的 Task，并将 Task 和 Supervisor 相关的信息提交到 Zookeeper 集群上，Supervisor 会去 Zookeeper 集群上认领自己的 Task，通知自己的 Worker 进程进行 Task 的处理。

和同样是计算框架的 MapReduce 相比，MapReduce 集群上运行的是 Job，而 Storm 集群上运行的是 Topology。但是 Job 在运行结束之后会自行结束，Topology 却只能被手动的 Kill 掉，否则会一直运行下去。

Storm 不处理计算结果的保存，这是应用代码需要负责的事情，如果数据不大，可以简单地保存在内存里，也可以每次都更新数据库，还可以采用 NoSQL 存储。

数据存储之后的展现，也是用户需要自己处理的，Storm UI 只提供对 Topology 的监控和统计。总体的 Topology 处理流程如图 2.16 所示。

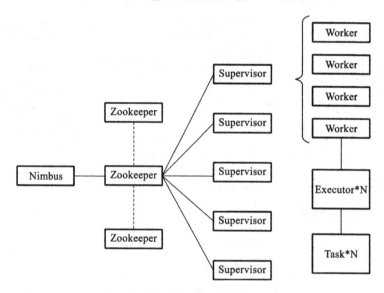

图 2.16 Topology 处理流程

第 1 步：Storm 提交后，会把代码首先存放到 Nimbus 节点的 inbox 目录下，之后，会把当前 Storm 运行的配置生成一个 stormconf.ser 文件放到 Nimbus 节点的 Stormdist 目录中，在此目录中同时还有序列化之后的 Topology 代码文件。

第 2 步：在设定 Topology 所关联的 Spouts 和 Bolts 时，可以同时设置当前 Spout 和 Bolt 的 Executor 数目和 Task 数目，默认情况下，一个 Topology 的 Task 的总和是和 Executor 的总和一致的。之后，系统根据 Worker 的数目，尽量平均地分配这些 Task 的执行任务。Worker 在哪个 Supervisor 节点上运行是由 Storm 本身决定的。

第 3 步：任务分配好之后，Nimbus 节点会将任务的信息提交到 Zookeeper 集群，同时在 Zookeeper 集群中会有 Workerbeats 节点，这里存储了当前 Topology 的所有 Worker 进程的心跳信息。

第 4 步：Supervisor 节点会不断地轮询 Zookeeper 集群，在 Zookeeper 的 assignments 节点中保存了所有 Topology 的任务分配信息、代码存储目录、任务之间的关联关系等，Supervisor 通过轮询此节点的内容，来领取自己的任务，启动 Worker 进程运行。

第 5 步：一个 Topology 运行之后，就会不断地通过 Spouts 来发送 Stream 流，通过 Bolts 来不断地处理接收到的 Stream 流，Stream 流是无界的。最后一步会不间断地执行，除非手动结束 Topology。

6. 分布式消息队列服务系统 Kafka

Kafka 是用于日志处理的高吞吐量分布式发布订阅消息系统，具有高吞吐量、可通过磁盘数据结构提供消息的持久化、支持通过 Kafka 服务器和消费机集群来分区消息以及支持 Hadoop 并行数据加载等特点。其目的是通过 Hadoop 的并行加载机制来统一线上和离线的流数据消息处理，通过集群机来提供实时的消费。

Kafka 集群由多个 Kafka 实例组成，Kafka 对消息保存根据 Topic 进行归类，发送消息者成为 Producer，消息接收者成为 Consumer，都依赖于 Zookeeper 来保证系统的可用性，集群保存一些 meta 信息。Kafka 的一些基本概念介绍如下。

1) Topics/logs

Topic 表示消息，每个 Topic 将被分成多个 Partition，每个 Partition 在存储层面是 append log 文件。每条消息在文件中的位置称为 offset（偏移量），唯一标记一条消息，不支持对消息进行"随机读写"，Partitions 的主要目的是通过分区可以将日志内容分散到多个 server 上，来避免文件尺寸达到单机磁盘的上限。

2) Distribution

一个 Topic 的多个 Partitions 被分布在 Partitions 集群中的多个 server 上；每个 server 负责 Partitions 中消息的读写操作；此外通过配置 Partitions 备份个数到多台机器上提高可用性。

3) Producers

Producer 将消息发布到指定的 Topic 中，决定此消息归属的 Partition。

4) Consumers

每个 Consumer 属于一个 Consumer Group；发送到 Topic 的消息，只会被订阅此 Topic 的 Group 中的一个 Consumer 消费，Consumer 端向 Broker 发送"fetch"请求，并告知其获取消息的 offset；此后 Consumer 将会获得一定条数的消息；Consumer 端也可以重置 offset 来重新消费消息。如果所有的 Consumer 都具有相同的 Group，消息将会在 Consumers 之间负载均衡。如果所有的 Consumer 都具有不同的 Group，消息将会广播给所有的消费者。

5) Guarantees

发送到 Partitions 中的消息将会按照它接收的顺序追加到日志中。对于消费者而言，它们消费消息的顺序和日志中消息的顺序一致。如果 Topic 的"replication factor"为 N，那么允许 $N-1$ 个 Kafka 实例失效。

6) Kafka 的消息传送机制

(1) 消息传输有且只有一次(Exactly-once)：在 Kafka 中的表现形式。

(2) 最多一次(At-most-once)：最多一次，消费者 fetch 消息，保存 offset，然后处理消息；当 client 保存 offset 之后，但是在消息处理过程中出现了异常，导致部分消息未能继续处理，那么此后"未处理"的消息将不能被 fetch。

(3) 消息至少发送一次(At-least-once)：消息至少发送一次，消费者 fetch 消息，处理消息，然后保存 offset。如果消息处理成功之后，但是在保存 offset 阶段 Zookeeper 异常导致保存操作未能执行成功，这就导致接下来再次 fetch 时可能获得上次已经处理过的消息。

(4) 消息只会发送一次(Exactly-once)。

下面将对 Kafka 实现机制进行简单介绍。

第 1 步：启动 Zookeeper 的 server。

第 2 步：启动 Kafka 的 server。

第 3 步：Producer 如果产生了数据，使用 Zookeeper 来"发现"Broker 列表以及和 Topic 下每个 Partition Leader 建立 socket 连接并发送消息。

第 4 步：Broker 端使用 Zookeeper 来注册 Broker 信息，以及监测 Partition Leader 的存活性。

第 5 步：Consumer 如果要消费数据，使用 Zookeeper 来注册 Consumer 信息，其中包括 Consumer 消费的 partition 列表等，同时也用来发现 Broker 列表，并和 partition leader 建立 socket 连接，并获取消息。

Kafka 消息交付实现具有如下特点。

(1) 对消息的重复、丢失、错误以及顺序没有严格的要求。

(2) 提供 at-least-once delivery，即当 Consumer 宕机后，有些消息可能会被重复 delivery。

(3) 因每个 partition 只会被 Consumer group 内的一个 Consumer 消费,故 Kafka 保证每个 partition 内的消息会被顺序地订阅。

(4) 为每条消息计算 CRC 校验,用于错误检测,CRC 校验不通过的消息会直接被丢弃掉。

Kafka 运行机制如图 2.17 所示。

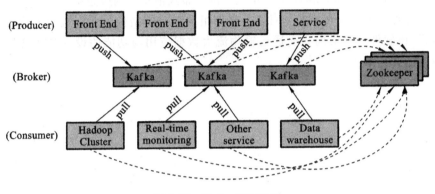

图 2.17 Kafka 运行机制

2.3 本章小结

为有效实现对交通运输物流大数据的整合,以及对数据产品及软件产品的增值,本章从大数据技术框架出发,在存储、计算、资源调度管理等方面,提出大数据分析平台软件架构设计方案,进而为高效地开发实现交通运输物流大数据应用奠定良好的基础。

在大数据技术框架中,着重分析的是系统在大数据环境下如何实现高效的存储、计算和资源调度管理。针对交通运输物流数据特点及对大规模数据离线处理和实时分析的迫切需要,主要对几种目前比较流行的分布式并行计算框架和实时计算框架进行简单介绍,在资源调度管理方面主要介绍了 Hadoop 的四种调度器如默认调度器、计算能力调度器、公平调度器及 YARN 等,实现有效的资源管理和数据共享。

本章阐述了架构设计方案应遵循的目标和原则,针对传统应用软件架构可靠性、安全性低,可扩展性差,以及交通物流领域数据特点,利用现阶段较为主流的开源技术架构实现对海量结构化与非结构化数据的存储、分布式并行计算与实时计算等功能,该架构可以与已有应用系统无损对接,使原有应用系统不需要重构和二次开发就可以获得大数据分析功能。系统逻辑架构设计以实现系统高容错、低延时和可扩展为目标,整合离线计算和实时计算,集成 Hadoop、Kafka、Storm、HBase 等各类大数据组件,最终形成主要由 Batch Layer、View Layer 和 Speed Layer 组成的三层大数据软件基础技术架构,Batch Layer 由数据采集系统、分布式文件存储系统 HDFS 以及分布式并行计算框架 MapReduce 组成;View Layer 主要由分布式高速数据库 HBase 组成;Speed Layer 主要由分布式消息队列服务系统 Kafka 以及流式实时计算框架 Storm 组成,对以上框架组成部分的结构与运行机制进行了详细的分析,该软件基础架构为交通运输物流大数据应用与功能的设计与实现提供了充分的软件技术支持。

3 交通运输物流大数据的数据组织与描述

3.1 泛数据生态圈

在考虑交通运输物流大数据问题时,需要考虑包括数字、字母、文字、图像、视频、声音等形式多样的交通运输物流方面的数据,还需要考虑数据的外联性。这就涉及了泛数据的概念,泛数据的作用是在进行数据分析处理时不只局限于单方面的数据,需要考虑更广泛的数据领域和更全面的数据特征,还需要考虑各种不同的数据源。在做交通运输物流大数据分析时,交通运输物流方面的数据只是一部分,我们还应该考虑物流、银行、政府、第三方支付、供应链、社交网络等各个方面的数据。情况不同,我们考虑泛数据的重点也是不同的,有时需要着重考虑某几个方面的数据,有时又需要考虑更多其他方面,也就是说泛数据不仅数据形式多样,数据来源和收集渠道也有多样性和可扩展性的特点。

随着泛数据概念的提出,泛数据生态圈应运而生。从生态学的角度看,种群是一定环境中同种生物的所有个体,生物群落是一定环境中所有种群的总和,生态圈是生物群落与环境构成的一个统一整体,在这个整体中,生物与环境之间相互影响、相互制约,并保持一个平衡状态。借助生态学的观点,交通运输物流泛数据生态圈涉及泛化数据的采集、存储、处理、分析、控制、可视化等整个生命期,并形成了数据链的闭环,由基础层、分析层、应用层构成,三大系统生态圈的构成如图3.1所示。

从基础层可以看出泛数据具有多源异构的特点。交通运输物流泛数据不仅包括了交通运输物流方面的数据,还包括行业数据、银行数据、第三方支付数据、政府数据、社交网络数据等。基础层的工作主要有以下几点。

1. 数据采集

数据量巨大必然伴随着数据来源广泛,包括物流数据、银行数据、第三方支付数据、政府数据、社交网络数据等各个方面的大量数据。这些方面的数据采集都需要在基础层完成,在数据采集的过程中,为了保证数据采集的全面,需要做到多渠道采集,不仅需要收集基础数据,还需要通过实地调查、手机等移动客户端、网络收集等多种方法进行数据采集。

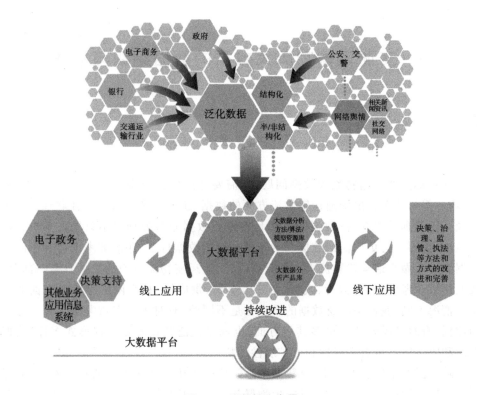

图 3.1 泛数据生态圈

2. 数据预处理

对采集到的数据进行清理(包括填补遗漏、数据降噪、一致性检查等)、集成和变换(包括平滑、聚焦、数据泛化、规范化、数据标准化以及属性构造)、规约(包括数据聚集、维规约、数据压缩、数值规约、概念分层等)等处理,从而为数据的存储、分析和挖掘做好准备。

3. 数据存储与管理

数据存储与管理包括面向结构化、非结构化、半结构化数据的存储与管理,还包括实时数据库、列式存储、大规模并行处理、分布式文件系统、交通运输物流公共信息平台泛化数据等的存储、管理与监控。

4. 数据安全管理

数据安全渗透在各个环节中,包括数据处理平台、采集、预处理、存储与管理等是我们时刻需要关注的问题。

分析层包括了大数据处理平台和大数据分析方法、算法、模型资源库以及大数据分析产品库三部分。其中,大数据处理平台包含了大数据基础框架、并行计算模型与框架(包括 MapReduce 编程模型、流式数据并行处理框架、图运算)等;算法模型库由适用范围广泛的基础算法开发得来,基础算法主要有数据挖掘、指标统计、统计分析、能力分析、语义处理与分析、流处理等数据分析方法,以及数据呈现的可视化算法。

应用层就分为线上应用与线下应用两种情况。线上应用体现在交通运输物流业务应用信息系统上,包括电子政务、决策支持系统等,这将大数据的数据分析、挖掘、预测、推荐等用到极致。线下应用就体现在政府或者企业的决策、规划等核心业务场景上,政府或者企业对大量的数据信息进行分析,根据分析结果做出相应的决策,保证决策的正确性、可靠性。

3.2 大数据资源的存储模式

3.2.1 大数据特征

大数据需要管理的数据规模大,数据类型不仅仅是关系数据,更多的是非结构化和半结构化的数据,大数据不仅增长速度极快,而且会动态快速变化,数据动态快速变化是区别大数据与一般的大规模数据和海量数据的标准。高德纳分析员道格·莱尼在一份与其 2001 年的研究相关的演讲中指出,数据增长有三个方向的挑战和机遇,提出了数据的 3V 特点。

(1) Volume(数据量),数据量已经从 TB 级别,跃升到 PB 级别。现在不仅仅是最早产生大数据变革的天文学和基因学方面拥有巨量数据,大数据已经渗透到方方面面,甚至从科学研究渗透到了人们日常生活的各个领域,交通、医疗、教育、商务活动等各领域,无一例外都因为数据量的剧增进行过或正在进行大数据变革。

(2) Variety(数据类型),即数据类型多样性,大数据数据类型不仅包括常见的数字、文字信息,还包括网络日志、视频、图片、地理位置信息,等等。数据量大必然伴随着数据种类的多样性,就以交通运输物流领域的大数据类型为例来说明,交通运输物流领域的数据不仅包括道路、车辆、航线等这些原始数据类型,还包括由路网摄像头、传感器等组成的智能交通的智能分析平台上的大量视频、图片等数据,也包括交通卡刷卡记录、手机定位数据、电子停车收费系统数据、关于交通情况的调查数据等。

(3) Velocity(速度),这里不仅指的是资料输入、输出的速度快,数据流动速度快以及数据变化快,还包括数据处理速度快。用1秒定律来形容数据处理速度之快,1秒定律也称为秒级定律,就是说对处理速度的要求,一般要在秒级时间范围内给出分析结果,时间太长就失去价值了。数据处理速度也是大数据和传统的数据挖掘技术本质的不同。物联网、云计算、移动互联网、车联网、手机、平板电脑、PC以及遍布地球各个角落的各种各样的传感器,无一不是数据来源或者承载的方式,这就保证了数据的高速处理。数据具有时效性,数据价值会折旧,为了保证效率就必须有超快的处理速度。

随着对大数据研究的深入,对大数据的认识也越来越全面,学者们在3V特征的基础上,提出了大数据的5V特征。

Mayers. V. Cukieer K 在《Big Data: A revolution That Transforms How we Work, Live, and Think》一书中在3V的基础上补充了大数据的另一个特点——Value(价值密度低),大数据数据量巨大,更新快,必然就伴随着价值密度低的属性,小部分数据难以描述得全面,不能提供一个完整的认识,拿视频来说,可能在一个连续不间断监控视频中,有用的数据仅仅为一两秒,视频中的大部分信息其实都是没有任何价值的。

IBM在3V的基础上提出大数据的又一特征——Veracity(真实性),即追求高质量的数据。数据的真实性和质量是成功决策的基础,追求高质量的数据是大数据的要求与挑战。

数据规模大造成错误多、数据更新的高速性、数据多样性等原因可能会导致出现数据不一致、描述不精确、表达不完整、反应不及时等问题,在数据管理过程中,保证数据质量尤为重要。交通运输物流领域也不例外,不管是道路规模、实时交通状况,还是交通流量、交通运输物流能力,或是物流企业信用分析,都要求严格的数据质量。高质量的数据能帮助人们更准确地分析交通状况,能促使决策者的行为向好的方向发展。

目前,交通运输物流领域的旧数据没有做到很好的整合,很大一部分都无法满足质量上的要求。交通运输物流领域数据质量问题主要有以下三个方面。

(1) 计算困难。数据规模巨大,达到PB级甚至EB级,而且增长速度快,为了保证数据的时效性、保证数据价值,需要设计并行算法加快计算速度。设计有效的大数据并行算法就是一个挑战性问题。

(2) 混杂错误。大数据的多样性会导致各种各样的错误出现,在数据存储和管理的过程中,这些错误相互混淆,相互影响,现存的错误检测与修复方法基本都针对单一类型的错误,缺少对相互影响的错误的处理技术,改进错误检测与修复方法,修复相互影响的多种错误是大数据质量管理的第二个挑战性问题。

(3) 知识缺少。小部分数据难以描述得全面,不能提供一个完整的认识;然而大数据规模巨大,来源多样,难以认知其全貌,难以全面认识大数据的语义。如何有效获取充分的语义信息支持大数据质量管理是第三个挑战性问题。当前大多数数据质量管理方法没有自动错误检测修复功能,难以直接应用于大数据。

高质量的交通运输物流领域数据是对交通情况进行合理分析与预测的基础,也是做分析决策的前提。没有高质量的数据,大数据分析的结果就不可靠,无法客观地反映现实,因此分析也就失去了意义。为了使分析更有意义,必须在收集大量数据的基础上,对数据进行多次清洗,有效整合,并在解决了数据存储、计算、网络传输、数据格式、数据结构等各方面的问题以后,才能对交通运输物流大数据进行分析与研究。

3.2.2 交通运输物流大数据的数据存储模式

大数据不仅有着数据量大、类型繁多、需要超快的处理速度、数据价值密度低等特点,更面临着涉及数据结构、数据存储、数据计算等多方面的问题。在各个领域,我们都要求大数据的数据量足够大,要求数据具有真实性、时效性,要求更高的处理速度。尤其在交通运输物流领域,实时性数据处理需求更为明显,而且交通运输物流数据早已不仅仅局限于结构化的数据,大部分数据都是非结构化的或者是半结构化的,传统的关系数据库按照行式存储,建立索引和视图会花费大量的时间和资源,面对查询需求必须大量膨胀才能满足性能要求,可见传统的关系数据库已经远远不能满足大数据的要求了。

我们需要找到满足大数据要求的数据存储模式运用于交通运输物流领域。早期的基于 C/S 架构的单数据库模式监控规模不大,传感器采集数量有限,所有的数据都存储到一个数据库中,如图 3.2 所示,显然这种单数据库模式是不可能适用于交通运输物流领域的大数据分析的。

图 3.2　早期的单数据库模式

2000 年以后,Web 技术取代了 C/S 架构,成为主流架构,逐渐出现了早期网络存储模式。机房监控软件属于行业应用系统,要求实时数据的刷新,所以早期的网络存储模式不仅包括呈现综合信息的 Web 页面,也包含了呈现实时性要求的交互页面的桌面客户端,如图 3.3 所示描述了这种早期的网络存储模式。

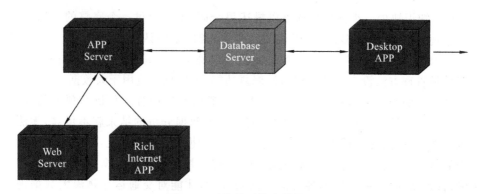

图 3.3　早期的网络存储模式

这种网络存储模式以数据库(Database)为中心,应用服务器(App Server)和桌面应用程序(Desktop App)直接连接数据库;Web 服务器和客户端程序(Rich Internet App)不直接连接于数据库,而是直接连接应用服务器。这种模式运行一段时间之后,用户不仅希望获取告警和实时数据,同时也希望能收集所有的历史数据,将历史数据以报表的形式呈现出来,帮助他们做更进一步的分析。显然这种简单的早期网络存储模式慢慢也不能适应越来越多的要求了,人们开始研究网络存储模式的切分来改进早期的网络存储模式。有两种切分方法:垂直切分和水平切分。

垂直切分是考虑历史数据量大,使用单一数据库系统反应速度慢,压力大的问题,将单一数据进行垂直切分,分离出配置库、历史库和交换库,部署到不同的机器上,垂直切分后的网络存储模式如图 3.4 所示。其中配置库(Config Database)用于存储系统运行环境和实体关联信息;历史库(History Database)用于存储实时数据和历史数据;交换库(Swap Database)即临时库,用于存储复杂计算中间值或用于第三方对接系统数据交换。

随着系统的运行,历史库承载的压力越来越大,慢慢就出现了整个系统响应速度变慢,用户操作体验变差,查询响应时间变长甚至超时的问题。开发人员用水平切分来解决这些问题,水平切分就是对历史数据进行分类,然后对每种类型按月、按年分表,水平切分是在垂直切分的基础上进行的。

伴随着全国各地大数据中心的建设,中小型机房监控系统逐步过渡到了数据中心基础设施管理平台,数据中心对新的平台要求更为严格。7×24 h 的不间断实时监控,不仅要求即时对故障做出响应,还需要能根据历史数据,在故障出现之前做出预警,需要平台有高安全性;新的平台规模大,数据中心机柜多,占地面积大,甚至能独占一整栋楼;新的平台业务计算复杂,目的是要实现科学化、智能化管理,

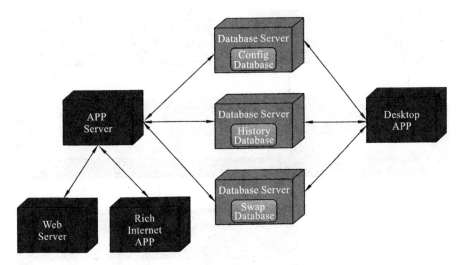

图 3.4　垂直切分后的网络存储模式

流程管理、大数据决策等业务导致计算量呈几何倍数增长。以数据为中心的存储模式已经很难适应平台化管理的需求，必须要引入新一代的存储模式了，大数据混合存储模式架构应运而生。

Hadoop 架构已经成为当前主流的大数据混合存储模式架构，它提供了一种通用的资源管理 YARN 和分布式文件存储架构 HDFS，用户根据需求，实现定制化的数据处理应用，包括 MapReduce、Spark、Storm 等新一代处理应用。以 Hadoop 技术为平台的大数据混合存储模式如图 3.5 所示。

该大数据混合存储模式的最底层是用传统的关系型数据库（RDMS）和 Hadoop 集群组成，关系型数据库用来存储配置信息，历史数据存储到分布式文件存储系统（HDFS）中，对于上层的数据交互有 Hive 数据仓储、Hbase 数据库、Spark RDD 等高级接口可供选择。存储在 Hadoop 集群上的历史数据由 Hadoop 应用（如分布式计算 Map/Reduce 或者实时计算 Storm）直接完成，就不需要使用交换库了，新的架构中就不存在交换库。

中间层是计算节点（Compute Node）集群，集群上运行的程序既包括传统应用服务器（App Server）和 Web 服务器（Web Server），也包括与 Hadoop 应用协作的分析服务器（Analysis Server）。

顶层用于呈现，呈现内容包括传统的报表和新式的交互体验；承载方式包括 Web 浏览器、移动设备以及桌面应用等。

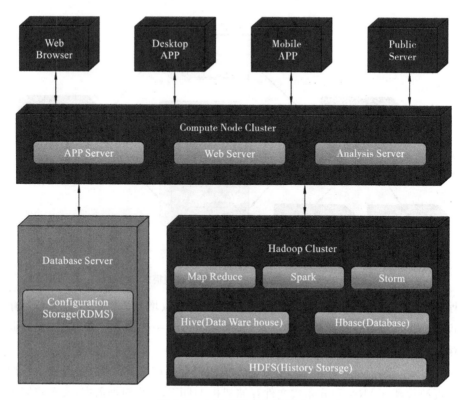

图 3.5 大数据混合存储模式

3.3 基于本体的交通运输物流领域知识描述方法

交通运输物流信息具有多样性并且是不断增加的,面对无穷无尽的数据,如何有效地描述这些数据资源中蕴含的知识,从而最大限度地实现这些数据的效用价值,是当下的研究热点。近年来,随着信息技术的发展和互联网的广泛应用,很多研究者开始关注如何将本体引入信息科学领域用于克服信息系统之间的"语义鸿沟"。本体不仅可以有效整合该领域的异构知识,破除数据之间复杂异构的问题,为知识表达打好基础;并且通过概念关系将各种知识概念相互关联,具有一定的推理性;本体可以重用,从而避免重复领域的知识分析;统一的术语和概念还可以连接外部知识,为知识共享提供可能。所以,可以选择本体组织描述交通运输物流领域的数据资源。

3.3.1 相关理论

1. 本体的基本概念

在计算机科学领域,本体理论最早由 Neches 等人于 1991 年提出,他们给出的定义为"给出构成相关领域词汇的基本术语和关系,以及利用这些术语和关系构成的规定这些词汇外延的规则的定义"。随后,1993 年 Gruber 提出本体是"形式化的,对于共享概念体系的明确而又详细的说明"。Borst 在 1997 年认为本体是"共享概念模型的形式化规范说明"。1998 年 Struder 提出本体是"共享概念模型的明确的形式化规范化说明"的观点。Struder 认为 Ontology 具有概念模型、明确、形式化和共享四层含义。现今的本体理论研究中,普遍把本体分为顶层本体、领域本体、任务本体和应用本体。顶层本体并不是具体的本体,主要用于本体间的共享;领域本体一般是指具体某一领域里的概念和属性以及关系;任务本体指特定行为和任务中的概念、属性和关系,一般用于预测和规划;应用本体是指具体问题的概念、属性和关系,可以同时引用领域本体和任务本体。在此主要构建的是交通运输物流领域本体。

总体来说,本体是由概念或者概念体系组成,这些概念和概念体系使用的是本体理论中的描述方法定义,所以也可以说在计算机科学领域,构建本体实际上的定义并描述各种概念和概念体系。但是作为一种能让机器可读定义方法,它与我们平时定义概念的方法恰恰相反。通常情况下,我们都是先对事物进行高度的抽象和概括,然后用抽象出来所谓的本质属性来定义概念的。而计算机科学建构本体的方法却恰恰与此相反,它要做的不是对事物进行抽象,而是对抽象的概念进行详细的描述,把抽象的概念还原成具体的东西,把各种属性重新添加到概念中去,这样描述出来的概念就叫作本体。

2. 本体模型的基本结构

根据 Perez 等人的理论,本体建模主要包括 5 个基本的建模元语。

1) 类或概念

类或概念表示的是一般的事物和抽象的非实物,比如一些描述、功能或者推理过程。从语义角度讲,类或概念表示的是各种一般或抽象对象的集合,定义类或概念一般要定义概念的名称、该概念与其他概念之间的关系,以及描述、概念的限制条件等。

2) 关系

概念一般通过关系相互连接起来,反映领域中概念之间的交互作用,形式上表达为 n 维笛卡儿积的子集 $R: C_1 \times C_2 \times \cdots \times C_n$。在语义上关系对应于对象元组的集合。

3) 函数

函数是一类特殊的关系。该关系的前 $n-1$ 个元素可以唯一决定第 n 个元素。形式化的表达是:由 $C_1 \times C_2 \times \cdots \times C_{n-1}$ 推理出 C_n。如 Mother-of 就是一个函数,Mother-of(x,y) 表示 y 是 x 的母亲。

4) 公理

公理代表永真断言,绝对为真,无须证明和推理,如概念乙属于概念甲的范围。有时约束也被视为真理的一部分,约束存在于函数之间和关联之间,为了确保关联的正确性。

5) 实例

实例代表从概念衍生而来的元素。从语义上讲实例表示的就是对象。本体实例的基本关系表如表 3.1 所示。

表 3.1 本体实例的基本关系表

关系名	关系描述
part-of	A part-of B 表示 A 类是 B 类的一部分
kind-of	A kind-of B 表示 A 类是 B 类的子类,A 类继承了 B 类,类似于面向对象中的父类与子类之间的关系
instance-of	A instance-of B 表示 A 类是 B 类的一个实例,类似于面向对象中的对象和类之间的关系
attribute-of	A attribute-of B 表示 A 类是 B 类的一个属性,如"价格"是桌子的一个属性

3. OWL 描述语言

OWL 由 W3C 于 2004 年 2 月正式推出,它总结了 RDFS、DAMLONT、DAML+OIL 等本体描述语言的开发经验,既保证强大的语义表达能力,又保证描述逻辑的可判断推理。

OWL 是基于 SHIQ 的描述逻辑。OWL 中的概念由类来表示,它可以是名字(如 URI)或表达式,而且提供大量的构造子来建立表达式,OWL 强大的表达能力正是由它所支持的概念构造子、属性构造子以及各种公理所决定的。

描述逻辑是 OWL 的基础,它为基于框架、语义网络和面向对象等知识表示方法提供了逻辑基础。OWL 对于客观世界的描述主要从概念和属性两个方面进行,与其相应的描述手段是面向对象域的方式和面向数据类型域的方式。面向对象域的描述方式采用 RDPS 和 OWL 自身的句法进行,用于描述概念间分类化、层次化的继承关系以及相互间的关联关系;在进行面向数据类型域的描述时,OWL 支持 XML Schema 的所有数据类型进行概念属性的定义与表达,因此,OWL 通过对概念、概念属性及其相互关系的描述,构成概念的复杂关系网络。

OWL 是以描述逻辑为逻辑基础的本体语言,也就意味着 OWL 中的类构造算子(类约束)及公理具有与描述逻辑相应的表示。表 3.2 给出了 OWL 元素对应的描述。表 3.3 给出了 OWL 类构造算子(类约束)与描述逻辑语法的对应关系。通过描述逻辑来表示类与类之间的关系。这些约束可以是一个到多个混合使用,来表达类的组成概念。

表 3.2 OWL 元素对应的描述

OWL 元素	OWL 元素描述
Thing	本体的源头、根节点,本体由 Thing 衍生出其他的类
intersectionOf	表示交集的关系
unionOf	表示并集的关系
complementOf	表示补集的关系
oneOf	表示集合中的一个
someValuesFrom	表示类中有部分的成员具有下列特性,但不是全部的成员皆有
allvalueFrom	表示该类中全部的成员都具有下列特性
hasValue	表示该类的成员具有下列特性,相比 allValue 和 someValue 的约束性较弱
minCardinality	表示该类至少具有 n 个特性,只能超过但不能少于
maxCardinality	表示该类最多具有 n 个特性,只能少于但不能多于

表 3.3 OWL 类构造算子与描述逻辑语法的对应关系

OWL 元素	描述逻辑语法	举例
Thing	$\top$	$I_1, I_2 \cdots$
intersectionOf	$C_1 \cap \cdots \cap C_n$	$C = \text{intersectionOf}(C_1 \cdots C_n)$
unionOf	$C_1 \cup \cdots \cup C_n$	$C = \text{unionOf}(C_1 \cdots C_n)$
complementOf	$\neg C$	$C = \text{complementOf}(C_1)$
oneOf	$\{X_1 \cdots X_n\}$	$C = \text{one of } (v_1 \ldots v_n)$
someValuesFrom	$\exists P.C$	$P(x,y) \text{ and } y = \text{someValuesForm}(C)$

续表

OWL 元素	描述逻辑语法	举 例
allvalueFrom	$\forall P.C$	$P(x,y)$ and $y = $ allValuesForm(C)
hasValue	$P.C$	$P(x,y)$ and $y = $ hasValue(v)
minCardinality	$\leqslant nP$	minCardinality$(P) = N$
maxCardinality	$\geqslant nP$	maxCardinality$(P) = N$

除了类与类之间的关系之外，要描述严格的知识还要有约束，OWL 对公理也提供了很多属性和类的约束，每个类不同的特性都是由属性约束表达出来，不同的属性约束可表示该类需要呈现的不同的知识，OWL 表示的属性为数据属性和对象属性，其中对象属性专用的 axiom 有 inverseOf、Symmetric、Functional、Inverse、Transitive。表 3.4 是 OWL 公理与描述逻辑语法的对应表。

表 3.4　OWL 公理与描述逻辑语法的对应表

Axiom	描述逻辑语法	举 例
subClassOf	$C_1 \subseteq C_2$	$C_1 \subseteq C_2$
equivalentClass	$C_1 = C_2$	$C_1 = C_2$
disjointWith	$C_1 \subseteq \neg C_2$	$C_1 != C_2$
sameIndividualAs	$\{X_1\} = \{X_2\}$	$I_1 = I_2$
differentFrom	$\{X_1\} \neq \{X_2\}$	$I_1 != I_2$
subPropertyOf	$P_1 \subseteq P_2$	$P_1 \subseteq P_2$
inverseOf	$P_1 = P_2^-$	If $P_1(x, y)$ then $P_2(y, x)$
transitive	$P^+ \subseteq P$	If $P(x, y)$ and $P(y, z)$ then $P(x,z)$
symmetric	$P_1 \equiv P^-$	If $P(x, y)$ then $P(x, y)$
functional	$T \subseteq < 1P$	If $P(x, y)$ and $P(x, z)$ then $y = z$

为了满足不同需要，OWL 有三个子集：OwlFull 保持对 RDF 的向上兼容性。将 RDF(s)扩展为一个完备的本体语言，但由于消除了基数限制中对可传递性质的约束，不能保证可判定推理。OWLDL 忽略对 RDFS 的兼容性。它主要针对概念、性质、个体之间关系的描述，以保证可判定性和较强的表达能力。OWLLife 是更简洁的本体语言，是 OWLDL 的子集，它降低了 OWLDL 中的公理约束，保证一个迅速高效的推理过程。

3.3.2 交通运输物流领域大数据本体的构建

交通运输物流本体就是将交通运输物流大数据中的相关领域的概念、属性,以及概念间的关系用形式化语言来进行具体描述说明。目前对于交通本体的研究已经有了一部分的成果,国内外都已经有很多研究学者构建过交通本体。然而,如果交通本体和大数据碰撞的话,就面临着很多挑战与问题,如何对快速增长更新的信息进行过滤、筛选以及如何对大量分散且异构的数据信息进行数据整合等难题是首要挑战。

1. 交通运输物流本体模型

由于交通运输物流本体是个范围很广的概念,如果只用一个本体概念会很复杂,就考虑根据比如交通工具、交通运输物流道路、交通运输物流站点等多个方面进行拆分成中等范围的本体概念,然后各自又包含相关领域的子本体,这些本体通过关系相互关联。通过分析交通运输物流信息分类、道路交通信息服务信息分类和智能交通运输物流系统组成以及交通运输物流数据采集、传输和信息发布过程中的数据元素及其组织模式,从顶层本体之下,分出了交通运输工具、交通运输道路、交通运输站点、交通角色、运输对象、交通设备、交通运输物流信息、交通管制信息、交通相关信息、交通相关信息、交通运输物流数据存储等十个抽象概念集,如图3.6所示,或称为领域本体,并以此为基础向下继续划分。交通运输物流实体中的各个具体概念类和实例都将从这些抽象核心类派生出来,并不断具体化。

1) 交通运输工具

交通运输工具指的是用于运输的交通代步装置,包含货车、火车、客车、公交车、出租车、轻轨、地铁、私家车、轮船、飞机等子本体。

2) 交通运输道路

交通运输道路指的是承载运送各种交通工具的通道,具有一定的规模,并有运输设施和技术设备,是各个地理站点得以连接的组成部分,是交通运输的物质基础,包含高速通道、机动车道、轨交通道、地铁轨道、火车轨道、飞机航线等子本体。

3) 交通运输站点

交通运输站点指的是为了提高运输效率而设立的运输服务设施,包含货物中转站、公交站、停车场、交通枢纽、加油站、汽修站等子本体。

4) 交通角色

交通角色指的是交通运输过程中涉及的各种人物对象,包含司机、乘客、调度员、行人、交通警察等子本体。

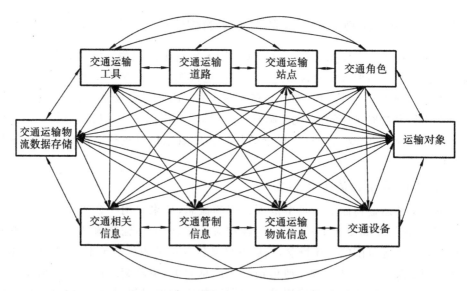

图3.6 交通运输物流本体概念类关系图

5）运输对象

运输对象指的是交通运输过程中被运载的对象，包含货物、乘客等子本体。货物本体包含危险品、冷冻货物、巨型货物等子类；乘客本体包含成人、儿童、老人、军人、中转乘客等子类。

6）交通设备

交通设备是为了收集和交通相关的信息的相关设备，包含变限速板、摄像机、能见度仪、车检器等子本体。

7）交通运输物流信息

交通运输物流信息指的是，用于交通运输的相关运输指标数据，包含货物、路线、单位地点等子本体。

8）交通管制信息

交通管制信息指的是对交通运输产生影响的一些交通管制制度、方法和指标，包含流量、车速、交通事件、道路维护、占有率等子本体。

9）交通相关信息

交通相关信息指的是非交通领域但是对交通运输有影响的其他方面的相关信息，包含气象信息、地理信息、活动信息等子本体。

10）交通运输物流数据存储

交通运输物流数据存储是指交通信息的采集信息及存储信息，根据道路设备进行存储信息描述，便于查询。包含交通事件采集信息、交通管制采集信息、客流信息、货运信息、交通设施采集信息、交通流采集信息等子本体。

如图3.6所示的交通运输物流本体概念类间的相互联系,略显杂乱,因为这种分类知识出于从语义化的层次对交通领域知识进行本体建模,并没有具体考虑交通本体与大数据分析等应用的关联,缺乏对实际本体应用的研究。为了解决交通运输物流本体类间关系繁复的问题,更好地将本体库与大数据分析框架结合起来,更好地对信息进行过滤、筛选以及整合,特将本体类分为路网拓扑、交通对象、交通信息和存储信息四个层次来对交通运输物流数据的相互关系进行描述。这样有利于本体的扩张和整合。交通运输物流本体概念类分层次关系如图3.7所示。

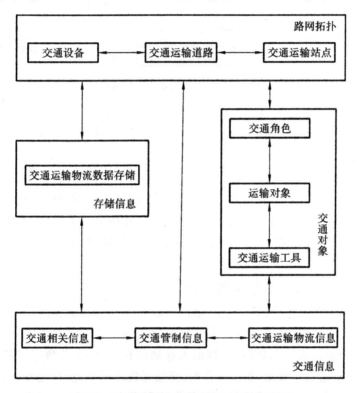

图3.7 交通运输物流本体概念类分层关系

一个简单的交通运输物流本体示例如图3.8所示。

如图3.8所示的交通运输物流本体的例子,可以推理出:公交车和货车都属于交通运输工具,公交车可以停靠在公交站点,但是货车不能停靠在公交站点,因为没有一条路径可以从货车到公交站点;而公交站点位于公交车道上,所以根据"公交站点"的传递推理出公交车停靠的站点位于公交车道;人可以驾驶公交车和货

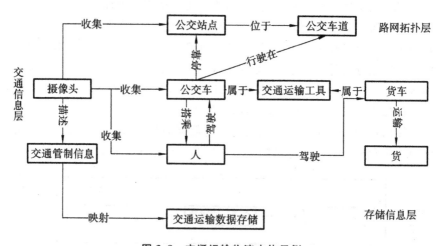

图 3.8 交通运输物流本体示例

车,公交车可以搭乘人,但是货车只能搭乘货,不能搭乘人,这是通过概念类的公理来制约的;摄像头收集公交站点、公交车和人的信息;交通管制信息映射到交通运输数据存储类里。

概念类之间并不是孤立存在的,概念类和概念类之间是通过关系相互联系的,如图 3.8 中的人和公交车存在人"驾驶"公交车和公交车"搭乘"人的关系,在交通运输物流本体库中概念间除了父子、从属等关系外还定义了 15 种本体关系,分别是搭乘、运输、停靠、行驶、位于、靠近、驾驶、去往、经过、归去、实施、维护、处理、显示、映射等,在此不详细赘述。

2. 交通运输物流本体库构建框架

上节介绍了交通运输物流本体的模型,而如何从现有交通运输数据中抽取转化成本体编码文件,形成交通运输本体库是这一节的内容。对于交通运输数据主要有存储的交通运输静态数据,如数据表存储信息、道路设备数据、路网配置数据等;以及交通运输动态数据,如天气数据、交通运输流式数据、交通事件数据等。为了将这些杂乱的无结构的或半结构的数据用语义表示出来,特提出交通运输物流本体库构建框架图,如图 3.9 所示。

如图 3.9 所示,利用大数据框架技术,将交通运输静态数据以及交通运输动态数据以关系表形式存储入交通运输数据库,并根据实际的数据情况定义知识描述的规则集、算法集合模型集;同时提出交通运输本体模型,这个模型的建立方法如上节描述,然后提取模式,读取数据,根据需要转换数据,同时这个过程要根据交通运输物流知识集进行,并根据情况更新交通运输物流知识集;下一步根据字典模式

3 交通运输物流大数据的数据组织与描述

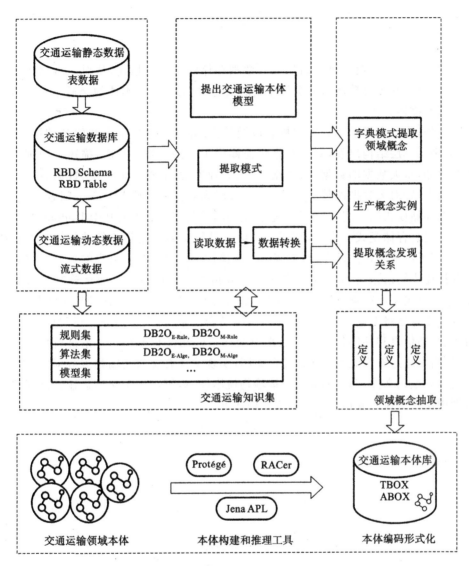

图 3.9 交通运输物流本体库构建框架图

提取领域概念、提取概念发现关系、生成概念实例;然后概念实例根据概念抽取的定义形成交通运输物流领域本体数据;此时的本体数据只是纯数据,对编码并不友善,换句话说就是机器程序对于这些交通运输物流领域本体信息并不可读,也不可编码,这时就需要借助 Protégé、RACer 和 Jena API 对本体进行编码的转换。

3.4 本章小结

第 3 章主要介绍交通运输物流大数据存储的组织与描述，从对泛数据生态圈的介绍开始，基于对数据的组织与存储的描述，介绍了基于本体的交通运输物流领域的资源描述方法。

首先，我们介绍了泛数据的概念以及特点，并从泛数据生态圈的基础层、分析层、应用层三层结构出发，对泛数据生态圈做了详细介绍。其次，描述了数据的组织与存储，从大数据的数据量、数据类型、处理速度、数据价值密度、数据真实性等特点出发，针对大数据的特点，描述了现阶段大数据所面临的一部分问题，并通过对数据存储模式的介绍，选择出了适合交通运输物流大数据的基于 Hadoop 集群的大数据混合存储模式。最后，利用本体语言进行交通运输物流领域数据资源的描述，介绍了本体的相关概念，对 OWL 本体描述语言和 OWL 语言的可判断推理规则和描述逻辑语法进行了详细描述。参考相关文献构建了交通运输物流本体模型，为了解决交通运输物流本体类间关系繁复的问题及利于本体的扩张和整合，同时为了更好地将本体库与大数据分析框架结合起来，将将本体类分为路网拓扑、交通对象、交通信息和存储信息四个层次对交通运输物流数据相互关系进行描述。最后，提出交通运输物流本体库构建框架图，实现从现有交通运输物流数据中抽取转化成本体编码文件，动态形成交通运输物流本体库，可以用于交通运输物流大数据框架中实现交通运输物流领域的资源描述方法。

4 交通运输物流领域流式数据实时分析与应用

4.1 流式数据实时分析方法

近年来,大规模网络技术以及传感器监测设备被广泛应用到我们的生产生活当中,因此流式数据以及流式数据的处理技术受到研究者的广泛关注,例如互联网中基于 Web 的数据分析,传感器、气象卫星等实时传递的监测数据分析,金融与信用卡业务数据分析等。在这些实际应用中,流式数据蕴含着许多有效信息。所以,越来越多的专家以及技术人员都对流式数据的处理及挖掘开展了更深入的研究。

4.1.1 流式数据的定义

Henzinger 等人于 1998 年首次提出将数据流作为一种处理模型后,针对流数据的研究得到了广泛关注并取得了一定的进展。

流式数据指按照时间顺序无限增加、持续的数据组成的数据序列,流式数据表现为连续的、不间断的、非结构化的数据消息队列,流式数据中单独的数据项以元组(tuple)的形式出现。也可以把流式数据看成是以 tuple 为单位组成的一条有向无界的数据流,如图 4.1 所示。

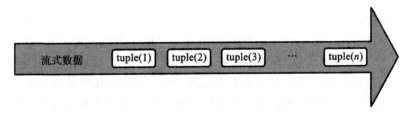

图 4.1 流式数据示意图

其中,tuple 元组可以有多个字段代表数据项的多个属性值,数据流中的元组可以看成是由离散有序的时间戳 t 和表征数据项模式关系的 s 组成,记为二元组 $<s,t>$。时间戳 t 可以标示数据流的到达时间,s 一般由数据项的多个值和数据项的实际内容组成,将 tuple 形式化定义为由 s 中不同数据项组成的向量,每一个时间戳上的元组 tuple 定义为:

$$\text{tuple}(t) = <s_1(t), s_2(t), \cdots, s_n(t)>$$

4.1.2 流式数据的特点

相比于传统静态数据,流式数据有以下特点。

1. 时效性

流式数据是实时非匀速到达的。流式数据实时产生,且随时间不断演化,如系统不能及时有效地对数据进行接收和处理,将造成数据的丢失,影响系统的挖掘效果。

2. 时序性

流式数据按时间顺序到达,到达次序独立,不受应用系统所控制。流式数据的到达顺序和系统配置无关,系统对流式数据的访问只能按其到达顺序进行。

3. 无限性

流式数据保持持续不断到达,数据规模宏大且不能预知其最大值。所以流式数据无法一次性全部存储。

4. 易失性

对待流式数据,原则上只能进行一次或有限次访问,数据一经处理,除非特意保存,否则不能被再次取出处理,或者再次提取数据代价昂贵。数据以"流"的形式存在,数据量巨大,但存储空间有限,若不能及时保存将不能重复访问。

5. 突发性

流式计算环境中,数据的产生完全由数据源确定,由于不同的数据源在不同时空范围内的状态不统一且发生动态变化,导致流式数据的速率呈现出了突发性的特征。前一时刻数据速率和后一时刻数据速率可能会有巨大的差异,这就需要系统具有很好的可伸缩性,能够动态适应不确定流入的流式数据。系统还需具有很强的计算能力和大流式数据量动态匹配的能力。一方面,在突发高流式数据速的情况下,保证不丢弃数据,或者识别并选择性地丢弃部分不重要的数据;另一方面,在低数据速率的情况下,保证不会太久或过多地占用系统资源。

4.1.3 流式数据抽样统计方法

根据流式数据所拥有的特点,我们在对流式数据进行统计后分析的时候提出两个问题。

问题一:由于流式数据是无限、持续的,而存储设备的容量是有限的,系统无法将所有采集到的数据都放在存储设备中等待挖掘。所以在设计流式数据处理方法时,需要解决怎样才能充分利用有限的内存,在有限的内存中存储更多有效的数据。

问题二:由于流式数据都是有时效性的,对于数据来说,产生时间越久远的数据它的有效程度一般来说会越低,所以在对流式数据进行分析处理的时候需要对不同时间段得到的数据进行差异化处理。

针对流式数据的海量性,流式数据挖掘算法需要解决其存储问题,以及在确保算法精度的同时,尽量减少算法的时间复杂度和空间复杂度,降低系统开销,提高系统运行效率。在流式数据挖掘算法中,常用的抽样统计方法有:抽样技术、数据概要技术、时间窗口技术等。

1. 抽样技术

分布式和实时处理技术的发展,让流式数据统计分析成为可能。然而,流式数据海量、无限的特点使得系统无法对全部数据进行采集和存储,所以从成本和效率角度考虑对流式数据进行抽样选择是有必要的。系统通过抽样技术得到后期数据分析所需要的数据,并进行存储分析。抽样技术是统计学中的经典方法,它在流式数据统计中的基本思想是以概率或者概率模型来决定是否处理流式数据中的某一数据。抽样可以分为均匀抽样和偏移抽样,对流式数据的均匀抽样是以相同的概率抽取元素,经典的方法有水库抽样法以及链式抽样法;流式数据上的偏移抽样中,数据项被抽取的概率各不相同,主要通过考虑流式数据重要性实现数据元组的选择。

1)水库抽样法

水库抽样法是一种最简单的均匀抽样方法,其基本思想是流式数据中每个数据被抽取到的概率是相同的,且各个数据样本之间互不影响、互相独立。水库抽样法的缺点是对流式数据中的噪声数据和数据分布情况较为敏感,因此该方法通常适用于数据样本之间相似性较大和数目不多的情况。

2)链式抽样法

链式抽样法也是一种简单的均匀抽样方法,同时在抽样的基础上采用了滑动窗口技术。假设流式数据为 DS,时间窗口大小为 L,则当流式数据中第 i 个数据元素到达时,系统以概率 $1/\min(i,L)$ 将该数据元素加入到样本集中,同时,在 $i+1$ 到 $L+1$ 范围内选取一个数字作为索引,备选数据即为该索引所对应的数据元素。相应地,一个被挑选的备选数据会在数据过期时替换掉该数据。滑动窗口在移动过程中,索引对应的备选数据,在索引数据到达时会被加入到样本集合中,与此同时替代该数据的索引会在下一个滑动窗口内被找到。

3) 动态分层抽样方法

抽样技术主要应用于基于滑动窗口的流式数据统计分析,它是在划分的主要思想下把整个流式数据划分为相互独立的 $N(N>1)$ 层,且每一层维护一个规模为 M 大小的均匀抽样的样本集合,有助于提高后续统计任务的效率。

2. 数据概要技术

数据概要技术是为了能够有效处理高维流式数据问题,在投影技术基础上发展而来的。它的主要思想是把具有 n 个维度的流式数据投影在一些定义好的随机分量上,取数据项的投影值进行相应计算。

概要数据结构是为了保留流式数据概括统计信息而通过概要技术得到的一种数据结构,常见的概要技术有小波分析、直方图、频率矩等。其中,常见流式数据统计会使用直方图作为它的流式数据概要数据结构,比如使用直方图、压缩直方图以及 V-优化直方图来表示流式数据的概要统计结构。概要数据结构并不能代表流式数据的整个样本集合,因此相应的统计计算结果只是真实值的近似值,这个近似值的准确程度取决于概要数据结构中的数据与流式数据中原始数据的误差。

3. 时间窗口技术

由于内存容量有限或者其他存储设备无法存储无限、海量的整个流式数据,同时不同的用户会对不同时间范围内以及不同的时间粒度的数据感兴趣,使得时间窗口技术对于流式数据的统计分析具有十分重要的意义。时间窗口技术就是通过选择窗口的类型在处理的流式数据中来选择数据。常用的时间窗口技术有界标窗口技术、滑动窗口技术以及衰减窗口技术。

1) 界标窗口技术

界标窗口技术首先要初始化,即计算流式数据从初始时间时刻到当前时间时刻范围内所有的历史数据,并将得到的数据集合按照时间顺序排列,随着流式数据的不断到来,界标窗口大小也相应地变大。使用界标窗口技术的算法有 CluStream 算法、LossyCounting 算法等。

2) 滑动窗口技术

滑动窗口技术定义了一个固定长度的时间窗口,计算所需要的数据在窗口中取得。由于滑动窗口固定不变的特点,窗口会随着时间推移使用新到达的流式数据代替过期的数据。受到滑动窗口技术在网络通信领域中应用的启发,滑动窗口技术被用来对流式数据进行统计分析,凭借其简单、固定的优点成为目前流式数据计算主要采用的时间窗口技术。在实际的流式数据统计分析应用中,我们可以根据应用背景和实际需要设计良好的滑动窗口模型,发挥其高效的优点。

3) 衰减窗口技术

衰减窗口技术对历史时间段内的全部数据进行计算。与其他窗口技术不同，使用衰减窗口技术对流式数据进行统计分析会在每一个新到来的流式数据中附加一个经计算得到的、随时间衰减的权值。衰减窗口中越早到达的流式数据，离现在时刻越近，其权值越大，反之随着事件发展，其权值越小。因此，界标窗口和滑动窗口可以看作是衰减窗口的特例，前者为所有数据赋权值为 1，后者为窗口内的数据赋权值为 1，而窗口外的数据赋权值为 0，衰减窗口则是更为灵活的处理机制。通常，我们使用的衰减函数是 $f(t) = 2^{-\lambda t}(\lambda > t)$。

4.1.4 流式数据聚类方法

1. 传统的数据聚类算法

传统静态的数据聚类算法对于后期流式数据聚类算法的进一步研究具有相当重要的现实意义，很多流式数据聚类算法都是一些常见的经典聚类算法的变形。聚类算法一般可以分为三类，分别是基于划分的方法、基于层次的方法和基于密度的方法。

基于划分的方法主要有 K-means、K-medions、PAM 等聚类算法；基于层次的方法主要有 CURE、ROCK 和 BIRCH；基于密度的方法主要有 DBSCAN 和 ST-DBSCAN；基于网格的方法主要有 STING、CLIQUE 等。相关对比见表 4.1。

表 4.1 聚类算法比较

类别	名称	算法效率	可伸缩性	发现的聚类类型	高维性	对数据输入顺序的敏感性
划分	K-means	一般	一般	球形	一般	是
	K-medions	一般	好	球形	一般	是
层次	BIRCH	好	好	球形	好	否
	CURB	较好	一般	任意	好	否
密度	DBSCAN	一般	较好	任意	一般	否
	OPTICS	一般	较好	任意	一般	否
网格	STING	好	好	任意	好	否
	CLIQUE	好	较好	任意	好	否

2. 流式数据聚类算法

在流式数据模型提出后，流式数据挖掘便成为热点研究内容。在流式数据挖掘中，算法短时间内需要处理大量数据，同时，随着时间的推移，流式数据是不断演化的，因此传统数据挖掘聚类算法先存储后计算的方式并不适合流式数据聚类算法。

流式数据聚类算法有以下两个特点。

（1）从流式数据中数据到达速度的角度来看，流式数据聚类算法计算速度很快，对时间复杂度要求较高，以至于会实时得到计算结果。

（2）从流式数据中数据数量角度来看，持续、无限的流式数据中数据量巨大，对于容量有限的存储设备，流式数据聚类算法会进行抽样或者概要处理，而不是对数据进行持久化的存储，相应地，数据也只被算法处理一次。

与传统的静态数据聚类算法相比，流式数据聚类算法有很大的不同。首先，类簇的个数会随着流式数据的演化而变化，因此流式数据聚类算法无法提前假设类簇数量。其次，流式数据中的数据分布通常是随机、无规则的，相应地，类簇的形状也是不规则的，因此流式数据算法要具有能够挖掘任意形状的聚类能力。最后，在实际生产生活当中，受相关因素影响，比如通信故障、电池电量不足、信号屏蔽等，流式数据中不可避免地会夹杂一些随机的噪声数据，这就要求流式数据聚类算法可以分辨、处理流式数据中的噪声数据。

尽管与传统聚类算法存在很大不同，但流式数据聚类算法确实是在传统数据聚类算法基础上演化发展而来的，常见的流式数据聚类算法与其相对应的传统聚类算法如图4.2所示。

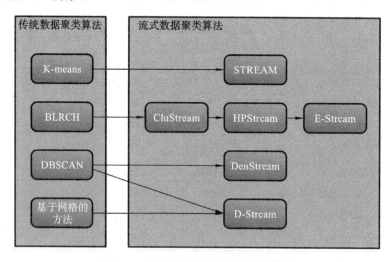

图 4.2　流式数据的算法的演化与发展

由于流式数据具有海量、高维、实时等特点，流式数据聚类算法比传统的聚类算法要复杂许多。目前影响比较大的流式数据聚类算法有以下几种。

1) Stream 算法

Stream 算法近似聚类算法,是一种单遍扫描同时基于 k 中位数的流式数据聚类算法,是以 k 中位数问题开发的。k 中位数问题的解决目标是使数据集合中的点与它相应的类簇的中心点之间距离误差平方和最小。由于每个桶较小,Stream 在工作时把处理的 m 个桶中的流式数据,都放在内存中。对于每个桶,Stream 把每个桶的点分成 k 个簇。然后,仅通过保留 k 个中心信息来汇总桶的信息。一旦收集到足够的中心,加权中心将再次聚类,以产生另外 $o(k)$ 个簇中心集合。如此重复,以便在每个层最多保留 m 个点。Stream 算法源于 k 中位数聚类,使用有限时间和空间可得到不错的聚类效果。然而它没有考虑数据的演变和时间粒度的变化。聚类可能受控于旧的、过期的流式数据,不能反映流式数据的动态性,与实际应用中流式数据应该是随时间而变化的特点不符。

2) CluStream 流式数据聚类算法

CluStream 是一种经典的流式数据聚类框架,它的相关思想被许多算法学习和借鉴。该算法提出了微簇(Micro-clusters)和金字塔时间结构(Pyramidal Time Frame)两个全新概念,采取与传统聚类算法不同的思想将聚类过程分为在线和离线两个部分。当流式数据到达时,在线部分(即微聚类)根据当前采集的数据信息实时更新微簇中的由系统持续维护的概要信息,同时根据金字塔时间结构定义的时间粒度保存相应时刻全部微簇的概要信息;由于在线部分保存了不同时间范围和时间粒度的微簇信息,因此离线部分根据用户输入的参数,可以使用在线部分保存的概要信息对任意时间范围内的数据进行聚类计算,从而实现对流式数据演化过程进行聚类分析。CluStream 计算框架如图 4.3 所示。

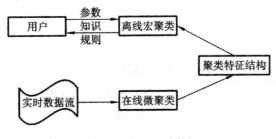

图 4.3　CluStream 计算框架

3) HPStream 流式数据聚类算法

传统聚类算法解决高维数据问题时通常使用投影技术,HPStream 流式数据聚类算法正是采用投影技术来解决高维流式数据聚类问题的。和传统聚类算法相似,该算法将流式数据中的高维数据对不同维度进行投影实现数据的增量更新,提高了高维流式数据的聚类质量。同时针对历史数据,该算法使用了指数衰减的方式为响应的数据指定一个权重,流式数据中越早到达的数据其权重越小,将历史数据将聚类结果的影响控制在合理的范围。同时,该算法也存在着相应参数较难确定、无法对任意形状类簇进行聚类的缺点。

4) DenStream 流式数据聚类算法

DenStream 流式数据聚类算法从基于密度的 DBSCAN 数据聚类算法的思想上发展而来,同时借鉴了 CluStream 算法中提出的两阶段计算框架的思想,提出了核心微聚类簇、微聚类簇和潜在微聚类簇的概念,将流式数据聚类分为在线和离线两个过程,可以较好地识别处理离群点,发现流式数据中任意形状的类簇。针对算法空间复杂度问题,该算法设计了良好的删除策略,降低了内存使用量;在算法的时间复杂度上,由于该算法对时间特性统计和密度计算的依赖,其时间复杂度较高,同时该算法对密度参数较为敏感也影响了聚类质量。

5) D-Stream 流式数据聚类算法

D-Stream 流式数据聚类算法从网格密度聚类算法发展而来,因此可以较好地识别任意形状的类簇。与 CluStream 两阶段计算框架相似,该算法在线部分将到达的数据元素映射到划分好的某一网格单元中,离线部分对网格中数据元素密度进行计算得到相应的类簇。针对流式数据动态变化的特点,D-Stream 算法使用密度衰减技术实时、灵活、高效地调整簇,从而使流式数据的高速变化也可以被算法实时捕获。通过合理地移除稀疏网格,提高了算法的计算效率,降低了资源使用率。和其他算法不同,D-Stream 算法在效率、实时性以及提高高速流式数据聚类质量方面有着较大优势。

6) 流式数据聚类算法对比

流式数据聚类算法由传统数据聚类算法演化而来,主要流式数据聚类算法对比如表 4.2 所示。

表 4.2 流式数据聚类算法对比

类别	算法	处理速度	聚类形状	演化分析	高维性能	噪声健壮
基于划分	Stream	较慢	超球面	不支持	较差	否
基于层次	CluStream	一般	球形	支持	较差	否
	HPStream	较快	球形	不支持	较好	否
基于网络密度	DenStream	较快	任意形状	不支持	一般	是
	D-Stream	很快	任意形状	支持	差	是

续表

类别	算法	处理速度	聚类形状	演化分析	高维性能	噪声健壮
其他	CluStream	较快	任意形状	不支持	一般	是

4.2 流式数据实时分析在交通运输物流领域中的应用

4.2.1 应用1：基于CluStream的交通运输物流活动热点实时分析

随着大数据时代的到来，传统的静态数据的采集、处理和存储技术变得不再适合流式数据计算。面对流式数据的相应特点，相应的计算和应用的问题随之而来，这些问题也获得众多学者和开发人员的关注。

实时准确地发现物流热点区域，可以帮助决策用户获取实时的决策信息。同时，对物流热点区域的历史演化分析可以帮助企业更加准确地掌握热点动态。本节介绍如何使用CluStream算法对交通运输物流热点区域进行分析，并使用Web-GIS在地图上实现展示聚类结果的热力图。使用Apache Kafka和Apache Storm进行数据收集和分析，使用Apache HBase存储最终结果，最终使用百度地图生成热力图。系统结构见图4.4。

图4.4 基于分布式流式数据算法的应用

1. 流式数据的收集

编程模拟两种类型流式数据：一种为运营车辆产生的流式数据，相应数据属性包括:车牌号、经纬度、海拔高度、方向、速度、油耗、灯光等;另一种为客户产生的流式数据,数据属性包括:经纬度、货物类型等。利用 Apache Kafka 的 TOPIC 配置项将两类流式数据进行区分。

2. 流式数据的预处理

流式数据预处理的过程包括数据采集、数据格式的转换和数据属性的选取,如图 4.5 所示。

图 4.5　数据的预处理

在数据预处理的过程中,按照通信协议对数据进行格式转换,最后选择需要进行分析的数据属性,减少后续计算的数据量。

3. 流式数据的分析

CluStream 算法提出了适用于流式数据计算的定义:

定义 1　微簇是把一系列具有时间戳 $T_1,\cdots,T_n$ 的 d 维点 $X_1,\cdots,X_n$ 定义成的 $2 \cdot d+3$ 的元组($\overline{CF_2^x}$, $\overline{CF_1^x}$, CF_2^t, CF_1^t, n),其中 $\overline{CF_2^x}$ 为每一维的数据值的平方和,即 $\sum_{i=1}^n (x_i^p)^2$;CF_1^x 为每一维的数据值的和,即 $\sum_{i=1}^n (x_i^p)$;CF_2^t 为时间戳 $T_1,\cdots,T_n$ 的平方和;CF_1^t 为时间戳 $T_1,\cdots,T_n$ 的和;n 为数据点的数量。

定义 2　快照是在规定时间点需要被存储的微簇。

定义 3　快照的阶将时间轴划分成不同粒度的时刻,其范围取值为 1 到 $\log_\alpha(T)$,α 为整数且 $\alpha \geq 1$,T 为从数据流开始到现在的时间。

定义 4　倒金字塔时间衰减结构是一种微簇信息的存储策略,即微簇信息是否、何时被存储,它保证了只需使用较少的空间就可以存储快照。当满足下面条件时,不同阶对应的快照会被系统存储:

条件 1　在时间间隔 α^i (α 为整数且 $\alpha \geq 1$) 内出现的第 i 阶快照,当其时间值的平方能被 α^i 整除时,系统会对每一张快照进行存储。

条件 2　在任意时刻,第 i 阶对应的快照只存储其中最后 α^l+1 个快照。

根据快照的定义和存储条件我们可以得到:

推论 1　对于一个数据流,在 T 时刻,快照的最大阶数为 $\log_\alpha(T)$。

推论 2　对于一个数据流,在 T 时刻,最多存储的快照数量为 $(\alpha^l+1)\log_\alpha(T)$。

当 $T=55,\alpha=2,l=2$ 时,则在第 0 阶和第 1 阶需要被存储的快照对应的时刻如图 4.6 所示,两个时间轴为同一轴。

第 0 阶需要被存储的快照对应的时刻为 55、54、53、52、51,时间间隔为 $2^0=1$;

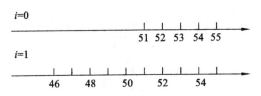

图 4.6 第 0 阶和第 1 阶被存储的快照对应的时刻

第 0 阶需要被存储的快照对应的时刻为 54、52、50、48、46,时间间隔为 $2^1=2$。同时从图 4.6 中可以看到,第 0 阶和第 1 阶需要被存储的快照对应的时刻的时间间隔为 1 和 2,因此不同阶需要被存储的快照对应的时刻的时间间隔不同,即粒度不同。以此类推,并且每个时刻的快照只需要存储一次,$T=55$ 时刻,应存储的快照时刻如表 4.3 所示。

表 4.3 $T=55$ 时的快照存储表

阶 数	存储快照时刻
0	55、53、51
1	54、50、46
2	52、44、36
3	40、24
4	48、16
5	32

1) 在线部分

算法的在线部分不需要用户输入查询时间窗,它的目标是为了让离线部分更高效地使用其统计信息。相应的过程如下:

(1) 初始化微簇。

假设算法在任意时刻总共维护 q 个微簇,$M_1,\cdots,M_q$ 表示某一时刻的全部 q 个微簇,在数据流的开始时刻,在磁盘上存储初始的 InitNumber 个数据点,使用离线的标准 K-means 聚类算法形成 q 个初始微簇,其中 $q<$InitNumber。

(2) 在线处理。

对于新到达的点 X_i,X_i 会被某个簇吸收或者形成新簇。首先,计算 X_i 到 M_1,$\cdots,M_q$ 微簇中心的距离,其中 dist(M_j,X_{ik}) 表示点 X_i 到微簇 M_j 中心的距离。找到离 X_i 最近的微簇 M_p,并将点 X_i 置于微簇 M_p 中,如图 4.7 所示。

以下情况,X_i 不属于任何已存在的微簇:

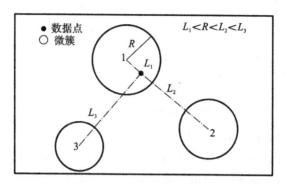

图 4.7　点属于最近的微簇

情况 1　X_i 在 M_p 的边界外,如图 4.8 所示。

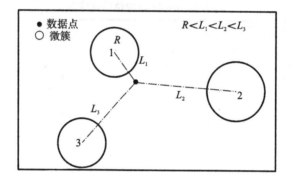

图 4.8　点落在最近微簇边界外

情况 2　由于数据流的不断演化,X_i 是一个新簇。

针对情况 1,算法为 X_i 创建一个独有 ID 的新簇,因此,同时要减少一个已经存在的微簇。为此,算法需要删除一个最早的簇或者合并两个最早的簇。可以有两种方法来确定需要删除的或合并的微簇。

第一种方法,在一个给定的微簇 M 中,μ_M 和 σ_M 分别表示点到达时间的平均值和标准差。计算公式如下:

$$\mu_M = \frac{CF_1^T}{n}$$

$$\sigma_M = \sqrt{\frac{\sum_{i=1}^n (T_i - \bar{T})^2}{n}} = \sqrt{\frac{\sum_{i=1}^n T_i^2 - 2\bar{T}\sum_{i=1}^n T_i + n\bar{T}^2}{n}}$$

$$= \sqrt{\frac{CF_2^t - 2\frac{(CF_1^t)^2}{n} + \frac{(CF_1^t)^2}{n}}{n}} = \sqrt{\frac{CF_2^t}{n} - \left(\frac{CF_1^t}{n}\right)^2}$$

其中，T_i 为微簇中点到达的时间戳，$\overline{T}$ 为平均时间，则根据微簇的定义可以使用微簇存储的指标来获得时间戳的平均值和标准差，假设时间戳是正态分布的，则微簇 M 的时间戳分布为 $N(\mu_M, \sigma_M^2)$，可以选取 $\delta = \mu_M + \text{int} \times \sigma_M$ 值最小的微簇进行删除。其中 int 值可以为 (1,2,3)。当 int=3 时，根据正态分布的特征，可以说明，微簇中 99% 左右的点是在 δ 之前出现的，δ 值越小，说明该微簇越旧。

第二种方法是为每个微簇保存最后 m 个数据点的到达时间戳，假设，在微簇 M 的点中找到到达时间的第 $m/(2 \times n)$ 百分位，用其估计每一个簇中最后 m 个到达的数据点的平均时间戳 δ，删除带平均时间戳最小的或小于用户定义的阈值的微簇。

以上两种方法都可以用于选取较旧的微簇进行删除，第一种方法与第二种方法相比，不需要记录每个微簇的最后 m 个数据点的时间戳，节省了存储空间，但是其需要建立在正态分布假设基础之上，对于其他形式的时间分布特征并不适用。除了使用上述方法外，还需要为新到达的点 X_i 生成一个具有唯一 ID 的微簇，新微簇的半径为到达最近微簇中心点的距离，如图 4.9 所示。

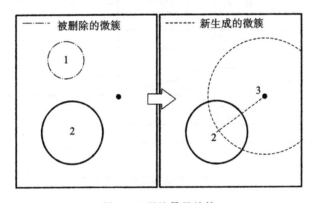

图 4.9 删除最早的簇

特殊情况：如果是通过指定阈值而不是选取 δ 最小值来删除微簇，则有可能出现多个符合条件的待删除微簇（如图 4.10 所示），此时算法需要选取并合并某两个靠得最近的微簇。此时用它们原来的 ID 一起来标志这个新的微簇。

在线部分的算法流程如图 4.11 所示。

2) 离线部分

在算法的离线部分，用户可以在不同时间幅度内发现簇，进行高层聚类分析。离线部分所用的数据是在线部分形成的微簇的统计信息，因此可以满足内存有限的需求。离线部分的计算将整个微簇抽象成一个伪数据点，因此传统的 K-means 算法需要进行一下修改：在初始阶段算法将微簇的中心抽象成种子。同时，种子被

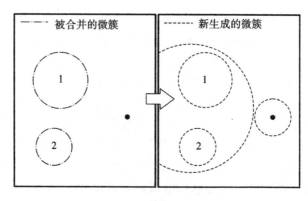

图 4.10 合并两个微簇

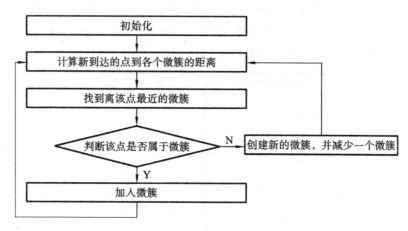

图 4.11 在线部分的算法流程

选中概率与微簇中点的个数成正比,不再按照随机的方式进行;在划分阶段,一个种子到一个伪数据点的距离就等于它到伪数据点所代表微簇的中心的距离。离线部分的算法流程图如图 4.12 所示。

基于 Storm 的 CluStream 算法热点区域分析由三个 Bolt 组件组成,分别是 KafkaSpout、CFBolt 和 ClusteringBolt。如图 4.13 所示,KafkaSpout 读取 Kafka 消息队列中的数据,并将数据发射给 CFBolt 组件;CFBolt 接收到数据后,首先会选取数据中的经度和纬度属性,然后对数据进行格式转换,转换完毕后进行 CluStream 在线部分计算,更新微簇信息,然后根据时间衰减结构将需要存储的快照进行缓存,最后会将微簇信息发射给 ClusteringBolt 组件;ClusteringBolt 调用 CluStream 算法对微簇信息进行聚类分析并将结果保存到数据库进行存储。

最后,系统从数据库读取数据并将聚类得到的结果与热力图进行映射,直观地

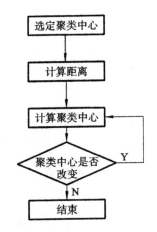

图 4.12 离线部分的算法流程图

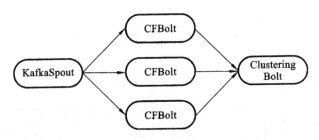

图 4.13 基于 Storm 的 CluStream 算法热点区域分析 Topo 图

反映出交通运输物流活动中的热点区域,区域中心点采用类的中心点,热力值为类中点的个数。实验得到的某一时刻实时热力图如图 4.14 所示。

4.2.2 应用2:大规模流式数据环境下车货实时匹配分析

随着交通运输物流领域中信息化应用的普及,相关数据环境已经拥有大量的运输车辆和货物等物流信息资源,为了解决货运业务中车源和货源信息不对称造成的车辆闲置和空驶等问题,出现了大量物流公共信息平台或配货网站用于促进车源和货源信息的流通与共享,在大规模的数据资源中如何为物流供需资源产生合理的匹配方案也是一种组合优化问题,即车货匹配问题(Vehicle Cargo Match,VCM),与 VRP 问题不同的是,VCM 问题主要解决运输资源如何匹配与推荐,用于形成资源分配预选方案。在实际应用的业务场景中,VRP 问题应属于 VCM 问题的后续过程,首先应在大量的运输资源中筛选出运输条件和运输要求相似的车源信息和货源信息集合,然后通过车货匹配算法形成匹配方案并推荐给车主和货主进行业务对接和确认,最后车主根据已经确认的货物信息进行路径和时间的规

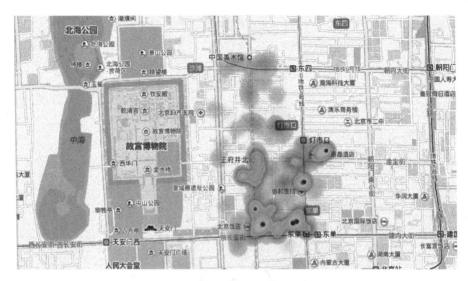

图 4.14 模拟实时流式数据聚类结果

划,形成运输车辆调度方案。总体业务流程如图 4.15 所示。

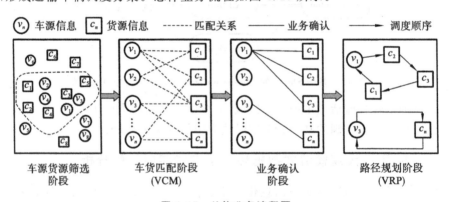

图 4.15 总体业务流程图

针对 VCM 问题,近几年相关研究主要集中在配货平台运营机制和信息化技术手段,但是作为物流信息平台核心功能之一的车货供需匹配方法,其相关研究较少,目前主要有两类方法。第一类从信息语义检索角度出发,针对物流信息规范化程度低造成的用户查询效率低下、体验差等问题,建立车源和货运信息语义知识模型,通过其语义推理能力,实现更复杂的供需关系语义检索与推荐,此类方法由于知识语义建模过程与推理过程较为烦琐等原因,造成在实际应用中较难实现。第二类方法首先为车货信息资源建立评价指标体系,使用相关评判方法,根据历史信息为车源与货源的匹配程度进行评价和综合排序,此类方法需要大量收集与指标体系相关的业务数据后进行评价,给用户体验造成了一定的影响,产生的匹配方案受主观评价因素影响也较大,此类方法在进行评价和匹配时主要针对的是每个车源或货源,没有从整体考虑资源的统一分配问题,容易造成"优秀资源总是被推荐,新资源难以被发现"的恶性循环,即新资源的"零启动"问题。另外,以上两类方法均没有考虑大数据环境中流式数据的特殊性以及车货匹配的实时性需求,无法在实际应用中体现物流供需信息资源的动态性,也无法为用户提供及时更新的物流供需匹配方案。

1. 车货信息匹配模型构建

设需要为 $K(k=1,2,3,\cdots,K)$ 辆车和 $I(i=1,2,\cdots,I)$ 个货物运输需求进行匹配,已知每辆车的运输能力为 b_k,每个货物需求为 d_i,l_{ki} 为车辆当前所在位置与货物所在位置的距离,所有车辆与货物需求点组成距离矩阵为 L,车辆与货物需求的一个匹配 x_{ki} 定义为

$$x_{ki} = \begin{cases} 1, \text{车辆 } k \text{ 与货物 } i \text{ 匹配} \\ 0, \text{其他} \end{cases} \tag{4.1}$$

定义1 由所有匹配 x_{ki} 组成的矩阵 VCM(Vehicl-Cargo Matrix)为车货匹配问题的一个解。VCM 每一个行向量对应每一辆车的匹配方案,每一个列向量对应每一个货物运输需求的匹配方案。

$$\text{VCM} = \begin{bmatrix} x_{11} & \cdots & x_{1I} \\ \vdots & \ddots & \vdots \\ x_{K1} & \cdots & x_{KI} \end{bmatrix} \tag{4.2}$$

定义2 VCM 匹配率 R 的计算公式为

$$R = \frac{\sum_{i=1}^{I} \sum_{k=1}^{K} x_{ki}}{K \times I} \tag{4.3}$$

针对车货匹配模型的假设条件如下:

(1) 在进行匹配过程的时间窗口内,待匹配货物所在位置不变;
(2) 在进行匹配过程的时间窗口内,已知车辆的位置是近似固定不变的;
(3) 待匹配货物的位置在待匹配车辆最远行驶距离之内;
(4) 待匹配车辆运输能力不同且运输能力已知;
(5) 待匹配货物重量不同且货物重量已知;
(6) 参与匹配过程的车辆的运输载运条件与货物运输需求方所要求的条件相符。

为了充分利用车源和货源信息,匹配过程需要考虑追求最大化的车货匹配率 R,还要综合考虑匹配后所有推荐方案所产生的总体成本 C 最小,成本函数 C 由车

辆当前位置与货物的起运位置的距离、用户时间窗口和货物目的地距离等变量综合构成，目标函数定义如下：

$$\max Z = w_1 R + w_2 (C+1)^{-1} \tag{4.4}$$

其中 w_1 和 w_2 为平台决策者对成本和匹配率两个指标的偏好，设 $w_1 + w_2 = 1$，易证目标函数在 $[0,1]$ 区间上。

证明：设 $Z_{\max}$ 为目标函数的理论最大值，则

$$\begin{aligned} Z_{\max} &= w_1 R_{\max} + w_2 (C+1)^{-1}_{\max} \\ &= w_1 \times 1 + w_2 \times 1 = w_1 + w_2 = 1 \end{aligned} \tag{4.5}$$

基于上述模型参数、模型假设条件与目标函数分析，其中成本函数 C 被简化为车辆当前位置与货物的起运位置需要行驶的距离，在实际应用中可以根据具体需要构建其他形式的成本函数。车货匹配模型如下：

$$\max Z = w_1 R + \frac{w_2}{\sum_{i=1}^{I} \sum_{k=1}^{K} l_{ik} x_{ki} + 1} \tag{4.6}$$

$$\text{s.t.} \sum_{i=1}^{I} x_{ki} \leqslant M_I, M_I \leqslant I, \forall k \tag{4.7}$$

$$\sum_{k=1}^{K} x_{ki} \leqslant M_K, M_k \leqslant K, \forall i \tag{4.8}$$

$$\sum_{i=1}^{I} d_i x_{ki} \leqslant g b_k, \forall k, g \geqslant 1 \tag{4.9}$$

$$d_i x_{ki} \leqslant b_k, \forall i, \forall k \tag{4.10}$$

$$i = 1, 2, \cdots, I \tag{4.11}$$

$$k = 1, 2, \cdots, K \tag{4.12}$$

约束公式(4.7)限制每个货物运输需求至多有 M_I 个匹配车辆；约束公式(4.8)限制每辆车至多匹配 M_K 个货物运输需求；约束公式(4.9)要求每辆车匹配的所有的货物运输需求的总体货物重量要小于 gb_k，使得运输能力强的车辆能够获得更多的匹配方案；约束公式(4.10)给每辆车推荐的每个方案中的货物重量都小于运输车辆的载重，避免给车推荐超重的货物。

其中，约束公式(4.7)和约束公式(4.8)用于控制匹配方案的数量，可以用于针对车辆和货物的 Top-N 匹配推荐应用中，当待匹配的车辆和货物数量较多时，应设置 $M_I \ll I, M_K \ll K$。

定义3　车货匹配问题弱可行解的定义：满足约束公式(4.10)的解，既所有的匹配满足车辆的载重能力大于货物的重量。

定义4　车货匹配问题强可行解的定义：满足车货匹配问题所有约束的解。

由定义易证，强可行解集合属于弱可行解集合，当 $M_I = I, M_K = K$ 且 $g \to \infty$ 时，强可行解集合与弱可行解相等。车货匹配问题模型的目标为找到目标函数最大的

强可行解。

2. 基于 QEA 的车货信息匹配方法

量子进化算法(Quantum-inspired Evolutionary Algorithm，QEA)建立在量子态矢量表述方式的基础上，将量子比特的概率幅表示作用于染色体的编码，使得个体的每个染色体可以同时表达多个状态的叠加，并利用最新个体信息使用量子旋转门来调整量子比特概率幅，实现染色体的更新操作，并加速算法收敛，从而实现目标的优化求解。与传统的进化计算方法相比其特点是能用规模小的种群实现较大空间的搜索，具有较强的全局搜索能力。由于量子计算的并行性大大地降低了算法的复杂度，被广泛地用于解决需要大量计算空间的组合优化问题中。

在量子计算中，量子比特位充当信息存储单元的物理介质，它是一个双态量子系统，简称量子位，与对应的经典位不同，量子位可以同时处在两个量子态的叠加态之中。

$$|\psi> = \alpha|0> + \beta|1> \tag{4.13}$$

其中 α、β 为复数，分别表示 $|0>$ 和 $|1>$ 的概率幅度，且满足

$$|\alpha|^2 + |\beta|^2 = 1 \tag{4.14}$$

在量子进化算法中，采用量子比特位存储和表达一个状态。该状态可以为一个"0"态或"1"态，或它们的任意叠加态。所以量子位所表达的信息不唯一，而是包含所有可能的信息，对该量子位的任一操作也不会只作用于一条信息。一个有 n 个量子位的量子个体可以基于概率幅表示 2^n 种量子状态，其表现形式为

$$\begin{bmatrix} \alpha_1 & \alpha_2 & \cdots & \alpha_n \\ \beta_1 & \beta_2 & \cdots & \beta_n \end{bmatrix}$$

采用量子比特位表示的量子个体能够丰富种群的多样性，体现更好的全局搜索能力，避免进化算法陷入局部最优解。

QEA 的进化过程采用量子旋转门 $U(\theta)$ 改变量子比特的概率幅，使量子个体逐渐逼近最优解。量子旋转门计算公式为：

$$\begin{bmatrix} \alpha' \\ \beta' \end{bmatrix} = U(\theta) \begin{bmatrix} \alpha \\ \beta \end{bmatrix} = \begin{bmatrix} \cos(\theta) & -\sin(\theta) \\ \sin(\theta) & \cos(\theta) \end{bmatrix} \begin{bmatrix} \alpha \\ \beta \end{bmatrix} \tag{4.15}$$

其中 $[\alpha', \beta']^T$ 为经过量子旋转门进化后新的量子比特概率幅，θ 为旋转角并满足以下公式：

$$\theta = S(\alpha, \beta) \Delta\theta \tag{4.16}$$

$S(\alpha, \beta)$ 和 $\Delta\theta$ 分别用于确定旋转的方向和角度增量。

由于量子位具有量子个体可以表示若干个量子位状态叠加的特殊表现形式，从而一个小种群的量子个体可以对应普通表示方法下的极大数量个体，与传统进

化方法相比，QEA 具有更丰富的种群多样性，同时基于量子旋转门的量子群进化方式有着较强的全局搜索能力。随着量子群的进化，算法逐渐收敛，每个量子个体的量子位取 1 或 0 的概率逐渐趋近于 1。

1) 量子个体编码设计

量子个体 Q 的比特位编码长度为 $K \times I$，第 n 个比特位的 α_n 在初始状态随机给出，并根据公式(4.13)给出对应位置上的 β_n。定义 Q 的第 n 个量子比特位测量值为

$$Q_n^\psi = \begin{cases} 1, \text{th}_n \geqslant \alpha_n^2 \\ 0, \text{th}_n < \alpha_n^2 \end{cases} \qquad (4.17)$$

其中 th_n 为每次量子进化后，针对每一个比特位随机给出的阈值，且满足 $0 < \text{th}_n < 1$，则 α_n 越小量子个体的第 n 个量子比特位表现为 1 的概率越大。量子个体测量值由每一个量子比特位测量值组成。

$$Q^\psi = \{Q_1^\psi, Q_2^\psi, \cdots, Q_{K \times I}^\psi\} \qquad (4.18)$$

对车货匹配问题采用二进制编码设计，使每个量子个体测量值代表一种匹配方案，并与车货匹配矩阵对应。解码过程需要将量子个体的每一个比特位的测量值与 VCM 矩阵的每一项元素进行映射，映射关系为

$$x_{ki} = Q_{(k-1) \times I + i}^\psi \qquad (4.19)$$

每一个量子个体的测量值对应一个车货匹配问题的解。

2) 有约束惩罚的量子适应度函数

根据车辆匹配模型的目标函数公式(4.4)定义量子个体的适应度函数为：

$$F(Q^\psi) = \frac{w_1 \sum_{n=1}^{K \times I} Q_n^\psi}{K \times I} + \frac{w_2}{1 + \sum_{n=1}^{K \times I} Q_n^\psi L(n)} \qquad (4.20)$$

其中

$$L(n) = l_{\frac{n}{I}, n - I(\frac{n}{I} - 1)} \qquad (4.21)$$

因为量子个体的测量值 Q^ψ 取决于当前测量阈值与测量比特位的取值，不能确定在进化后相同量子个体的测量值一定是相同的，因此一个量子个体对应的解是否为强可行解并不是确定的，拥有较高适应度的弱可行解量子个体，有可能在下一代量子群中测量为拥有较高适应度的强可行解量子个体，即当代量子群的最优强可行解可能由上一代的弱可行解量子个体进化后测量得到。为了使量子群在进化过程中，保持较优弱可行解量子个体的信息，增强量子进化过程的全局搜索能力，需要对弱可行解的适应度进行适当的惩罚后，参与最优量子个体的竞争。

定义 5 一个弱可行解转换为强可行解的距离 ξ 定义为

$$\xi(Q^\psi) = \text{IMV} + \text{IMC} \qquad (4.22)$$

其中 IMV 为 Q^ψ 中不符合约束公式(4.6)或者约束公式(4.8)的车辆个数，IMC 为

不符合约束公式(4.7)的货物个数。若在量子群初始化和进化过程中能够保证每个量子个体对应的解为弱可行解,即满足约束公式(4.9),则当 $\xi=0$ 时,表示量子个体对应的解为强可行解。

引进有约束惩罚的量子适应度函数对弱可行解量子个体的适应度进行惩罚。公式为:

$$F(Q^{\psi})^{pun} = F(Q^{\psi})^{1+\xi(Q^{\psi})} \qquad (4.23)$$

设 Q_1^{ψ}、Q_2^{ψ} 为弱可行解,随着距离 ξ 变大,经过约束惩罚后适应度逐渐变小。惩罚前适应度较大的个体,在惩罚后可能因为距离 ξ 较大,变成适应度较小的量子个体,没有约束惩罚前的适应度满足 $F(Q_1^{\psi})=f_1 > F(Q_2^{\psi})=f_2$,若 Q_1^{ψ} 的距离大于 ξ_1,而 Q_2^{ψ} 的距离小于等于 ξ_1,则 $F(Q_1^{\psi})^{pun} < F(Q_2^{\psi})^{pun}$。

公式(4.23)产生的适应度惩罚效果主要用于当量子群中的个体不存在强可行解时,如何在弱可行解中选取最优的量子个体。

3) 量子旋转门设计

确定量子旋转角公式(4.16)中的 $S(\alpha,\beta)$ 和 $\Delta\theta_n$ 需建立选择策略表,如表4.4所示。

表 4.4 旋转角选择策略

Q_n^{ψ}	$BestQ_n^{\psi}$	$\Delta\theta_n$	$S(\alpha_n,\beta_n)$			
			$\alpha_n\beta_n > 0$	$\alpha_n\beta_n < 0$	$\alpha_n = 0$	$\beta_n = 0$
0	0	δ	-1	$+1$	$+1$	0
0	1	δ	$+1$	-1	0	1
1	0	δ	-1	$+1$	1	0
1	1	δ	$+1$	-1	0	$+1$

其中 δ 为每次调整的角度增量 $\triangle\theta$,可以通过静态或动态的方法调整。该调整策略是将量子个体的每一比特位的测量值 Q_n^{ψ} 与历史最优量子个体对应比特位的测量值 $BestQ_n^{\psi}$ 进行比较,通过查表的方式和公式(4.16)得到旋转角 θ_n。整个策略的思想是使比特位的概率幅向着有利于 $BestQ_n^{\psi}$ 出现的方向演化。如 $Q_n^{\psi} = BestQ_n^{\psi} = 0$,则应使 Q_n^{ψ} 测量值为 0 的概率增大,根据公式(4.17)需要将 α_n^2 变大,如果 $\alpha_n\beta_n > 0$,说明 (α_n,β_n) 在极坐标第一、三象限,则应该顺时针旋转,即 $S(\alpha,\beta)=-1$,如图4.16所示,其他策略同理可证。

4) 算法流程

基于以上算法设计,有约束惩罚的 QEA 求解车货匹配问题的算法可以分为量子群初始化、量子个体适应度计算、选取最优量子个体、算法退出条件判断、量子群

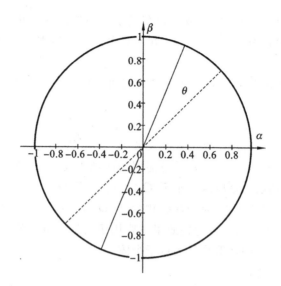

图 4.16 量子旋转门策略

进化和最优量子个体解码等 6 个阶段,算法总体流程如图 4.17 所示。

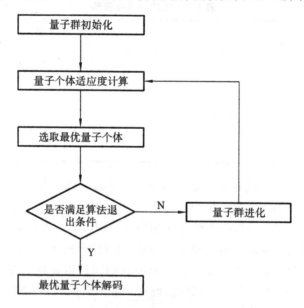

图 4.17 算法流程图

Step1. 量子群初始化:在进行量子群初始化时需首先给定车货匹配模型的相关参数 K、I、L、b_k、d_i、w_1、w_2、M_I、M_k、g,给定量子个体的数量 P 和比特位的长度(K

4 交通运输物流领域流式数据实时分析与应用

×I),随机给出每个量子个体的初始测量阈值 th_n 和比特位量子态 $\alpha=\beta=\sqrt{0.5}$。

Step2. 量子个体适应度计算:根据公式(4.17)确定每一个量子个体的初始测量值 Q^ψ。检测量子个体测量值为 1 的比特位,不符合约束公式(4.10)则将该比特位的测量值设置为 0,同时该比特位量子态设置为 $\alpha=1,\beta=0$,使得所有量子个体测量值对应的解至少为弱可行解。根据初始测量值 Q^ψ 和公式(4.22)确定每个量子个体的 ξ 值,根据约束惩罚适应度函数公式(4.23)得到每个量子个体的适应度。

Step3. 选取最优量子个体:若当前量子群存在强可行解,即 $\xi=0$,则将强可行解的量子个体与历史最优量子个体 $BestQ^\psi$ 的适应度进行比较,保存最优强可行解量子个体为 $BestQ^\psi$。若不存在强可行解,则保存最优弱可行解量子个体为 $BestQ^\psi$。

Step4. 算法退出条件判断:算法退出的前提是历史最优量子个体 $BestQ^\psi$ 为强可行解,且同时满足以下条件之一:$F(BestQ^\psi)$ 大于某给定阈值,或量子群进化次数大于某给定阈值。算法退出判定成功则进入 Step6,否则算法转向 Step5。

Step5. 量子群进化:给定量子旋转门的角度增量 $\triangle\theta$,按照前文所述的旋转策略和公式(4.15)、公式(4.16)对每个量子个体的比特位量子态进行改进,生成新一代量子群。算法转向 Step2。

Step6. 最优量子个体解码:根据公式(4.19)将历史最优量子个体的测量值解析为 SVM 并输出结果。

3. 仿真实验与结果分析

实验运行环境为 CPU 2.5GHz,内存 4GB,使用 JDK1.6 编程。目前针对车货匹配问题的实验数据还没有标准的测试数据库,而且为了能够使用遍历算法在可行的时间内得到精确解并与 QEA 算法最优解进行比较,本书限制了实验数据的规模,实验数据包括 5 辆车与 6 个货物运输需求,如表 4.5 所示,其中 b_k 列为每辆车的运输能力(吨),d_i 行为每种货物运输需求量(吨),其他表示货物点与车辆的距离(km)。

表 4.5 实验数据表

	货 1	货 2	货 3	货 4	货 5	货 6	b_k
车 1	2	10	5	6	9	12	100
车 2	3	4	1	2	5	7	100
车 3	20	30	15	23	32	40	90
车 4	16	9	20	11	5	17	90
车 5	7	6	9	10	15	3	60
d_i	60	70	80	70	50	50	—

设车货匹配问题模型的相关参数分别为 $K=5, I=6, w_1=0.6, w_2=0.4, M_I=M_K=4, g=2, L、b_k$ 和 d_i 如表 4.5 所示。本书首先使用遍历方法求出了以上数据的精确解,所有车货匹配方案共 $2^{5\times 6}=1073741824$ 种,遍历算法每秒解析并计算约 50000 个方案,用时约 6 小时,得到此问题的精确解适应度为 0.283226。

1) 算法性能分析

实验分析中引进了量子个体成熟度(Quantum Maturity Value,QMV)与量子群体成熟度两个指标。量子个体 Q 的成熟度为:

$$\mathrm{QMV_Q} = \frac{\sum_{n=1}^{K\times I} |\alpha_n - \beta_n|}{K\times I} \tag{4.24}$$

QMV 可以用于说明量子个体测量值的稳定性,成熟度越大,代表其测量值的随机性越低。量子群体成熟度(Quantum Swarm Maturity Value,QSMV)定义为量子群中所有量子个体成熟度的平均值。QSMV 越大则量子群活性越低,算法收敛程度越高。

量子进化算法相关参数分别为:量子群规模为 100 个量子个体;进化次数为 1000 次;$\triangle\theta = 0.01\pi$。算法用时约 0.6 秒,得到最优强可行解为 0.28320,算法在第 358 次进化时首次得到该最优解。量子群进化过程如图 4.18 所示。

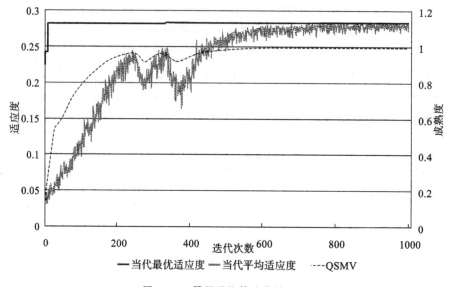

图 4.18 量子进化算法收敛过程

当 QSMV 较小时,量子群中的量子个体的量子态差别不大,表现为测量值随机性较大,表现出较强的全局搜索能力,当 QSMV 较大时,虽然量子群中的量子个体已经普遍失去活性,测量值都已趋于稳定,但是算法依然可以在一定范围内进行搜索优化,如表 4.6 所示,当进入第 358 次进化后,QSMV>0.8,算法依然 3 次搜索到了更好的最优强可行解。

表 4.6 量子进化过程适应度与 QSMV 变化表

进化次数	最优适应度	QSMV
57	0.282649	0.636593
69	0.282685	0.695407
73	0.282703	0.706203
88	0.282721	0.744692
111	0.28274	0.817385
248	0.282759	0.966231
330	0.28292	0.967064
358	0.2832	0.916578

经过多次实验发现当 QSMV>0.98 后,由于量子群过于成熟,其测量值已经趋于稳定,很难产生更优秀的强可行解,因此,QSMV 可以作为量子进化算法退出判定的辅助条件。

使用相同的车货匹配模型、参数和数据,将 QEA 算法和标准遗传算法(Genetic Algorithm,GA)进行比较,设定种群数量同样为 100 个,随机独立运行 30 次,算法结果统计指标如表 4.7 所示。

表 4.7 QEA 与 GA 算法对比

算　法	平均误差/(E-05)	标准差/(E-05)	到达最优解的平均进化次数
GA	24.2	16.01	463
QEA	3.3	10.81	191

由统计结果可见,QEA 算法与遗传算法 GA 相比具有更优秀的性能。

在算法收敛速度方面,QEA 算法平均进化 191 次即可以获得当前种群最优解,而 GA 算法平均需要进化 463 次,说明 QEA 算法可以用更少的迭代次数获得最优解,收敛速度更快。

在算法准确性方面,QEA 在 30 次独立运行后与精确解相比平均误差为 3.3E-05,GA 算法的平均误差为 24.2E-05,QEA 平均误差比 GA 降低了 86%,说明 QEA 拥有更优秀的准确性以及更好的全局搜索能力。

在算法稳定性方面,QEA 算法 30 次运行结果的标准差为 10.81E-05,而 GA 算法为 16.02E-05,说明 QEA 算法 30 次运行的结果值更集中稳定。

2) 算法参数影响分析

设置量子个体数量分别为 50、100、150、200、250、300,其他参数同上,针对不同的量子个体数量,算法分别独立随机运行 10 次,结果如表 4.8 所示。当量子群规模较小时,算法耗费时间短,但是算法收敛速度、准确性和算法稳定性较差。当量子群规模较大时,算法耗费时间较长,但是算法收敛速度、准确性和算法稳定性较优。对于实验环境给定的数据和算法参数,发现算法的计算机耗时和收敛速度随量子群规模变化呈现近似线性变化,计算机耗时随量子群规模的扩大稳定增长,而收敛速度也稳定增加。但是算法的准确性和稳定性存在"规模瓶颈"现象,当量子群规模达到 100 以上时,算法准确性和稳定性提高得并不明显。对于实际应用中的车货匹配问题应根据其问题规模和计算环境能力综合考虑设置量子群规模。

表 4.8 不同量子群规模算法效果对比

量子群规模	平均误差/(E-05)	标准差/(E-05)	算法平均耗时/s	到达最优解的平均进化次数
50	193.5	588.4	0.3	264
100	170.9	8.4	0.6	166
150	4.8	4.1	0.9	133
200	3.1	1.6	1.3	123
250	2.6	0	1.6	121
300	2.6	0	2	113

设定量子旋转角增量 $\triangle\theta$ 分别为 0.0001π、0.001π 和 0.01π,量子群规模为 100,其他参数同上。QEA 算法分别在第 3018 次、782 次和 387 次进化时搜索得到了精确解。算法进化过程如图 4.19 所示,量子群成熟度进化曲线如图 4.20 所示。

当 $\triangle\theta=0.0001\pi$ 时,算法具有较强的搜索能力,量子群成熟速度较慢,能够获得更多的较优强可行解,但是算法收敛速度较慢,需要更多的进化次数才能搜索到最优强可行解。当 $\triangle\theta=0.01\pi$ 时,算法收敛速度较快,虽然能够很快地得到最优强可行解,但是由于量子群成熟过快,对于更大规模的车货匹配问题容易陷入局部搜

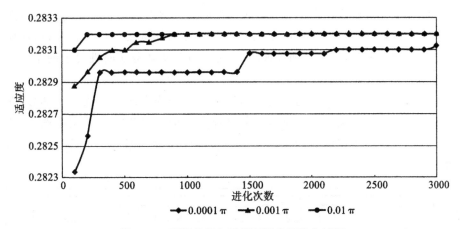

图 4.19　不同旋转角增量下适应度进化过程

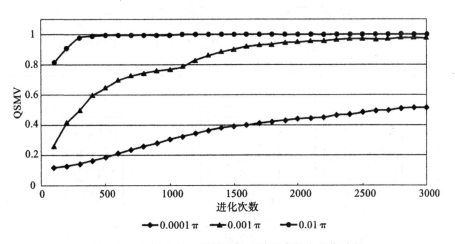

图 4.20　不同旋转角增量下量子种群成熟度进化过程

索,失去了搜索更多强可行解的机会,有可能使得算法精确度降低。因此,△θ值的选择对算法的效率有着较大的影响,△θ值太大可能会使结果发散或过早收敛到局部最优解,△θ值太小则可能会使算法收敛缓慢,造成需要过多的迭代次数才能获得更优秀的解。

4. 大规模流式数据环境下车货实时匹配方法框架

物流运输中的车源数据和货源数据来自实时数据自动采集环境,如车辆通过车载设备实时上报位置和运输状态信息,货物通过移动终端扫描二维码或者现场业务处理功能上传数据,这些数据具有明显的量大、覆盖面广、更新频繁以及价值密度低等流式数据特征,数据的流速、流量、流向复杂多变。流式数据环境下车货实时匹配方法的主要作用在于能够在大规模的流式数据环境中稳定高效地对车货信息资源进行处理，对时间维度、空间维度和业务属性维度进行综合分析，从而提高信息资源利用效率，产生更加合理的、满足物流配货业务实时性要求的车货匹配方案。

大规模流式数据环境下的车货实时匹配方法分为在线和离线两个部分，在线部分主要是实现针对无界持续动态车货数据的实时处理以及按类型筛选；离线部分的主要作用是在指定的时间窗内完成对多维度车货数据进行聚类与匹配处理。如图4.21所示。

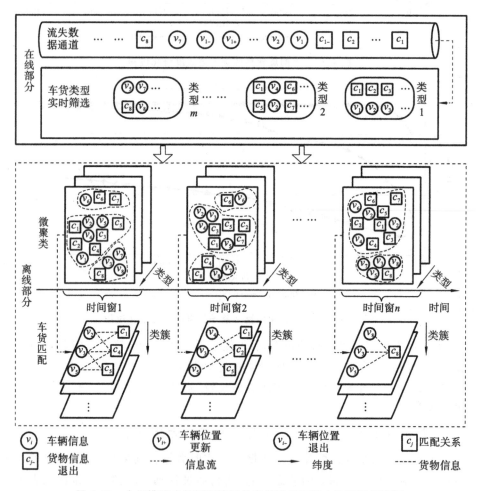

图 4.21 大规模流式数据环境下的车货实时匹配方法流程示意图

1) 在线部分

步骤 1　通过分布式队列服务器实时获取车源与货源信息。

步骤 2　按照货物类型和车辆运载条件对车源与货源信息进行筛选,相同类型的车辆货物信息归并到同一个车货类型数据集中。同时对数据集中已有的车源与货源信息进行实时更新。

2) 离线部分

步骤 3　微聚类:在设置好的时间窗内执行以下操作,对在线部分已筛选的每一个同类型车货数据集,使用基于距离的聚类算法,得到空间距离较近的多个车货类簇。在下一个时间窗中重新获取同类型车货数据集并执行步骤 3。

步骤 4　车货匹配:在设置好的时间窗内,对上一步骤得到的车货类簇利用进化算法对其进行车货供需匹配方案组合优化,形成车货匹配推荐方案并保存到目标存储位置。相关信息服务和功能通过访问存储位置中的最新匹配方案结果实现车货资源的实时匹配。

其中步骤 1 中分布式消息队列服务器可以使用 Apache Kafka 来实现,针对不同终端上传的车源与货源的流式数据建立实时动态消息队列服务,实现消息传递服务与业务逻辑解耦,增强流式数据处理的可靠性,实现流式数据的送达保证与顺序保证;步骤 2~4 可用实时计算框架 Apache Storm 来实现,具体来说,步骤 2 中通过 Apache Storm 中的 spout 组件实现在分布式消息队列服务器中按流式数据送达顺序先入先出地获取车源数据与货源数据,其中车源信息状态包括车辆信息新增、车辆状态更新和车辆信息退出。货源信息状态包括货源信息新增和货源信息退出。按照已经定义好的类型特征划分车货类型,相同车货类型的数据给予相同且唯一的类型 ID。根据类型 ID 字段进行分组,在 Apache Storm 的计算拓扑结构中分割流式数据,实现不同类型车货数据集在不同 Bolt 中的分布式处理。步骤 3 中要使用 Apache Storm 的 Bolt 组件建立一个用于在不同类型车货数据集中进行距离聚类的 Bolt 层,该层的 Bolt 接收上一步骤分发的车货数据,按照车货数据状态更新自己所负责处理的车货数据集,并按距离进行聚类,形成车货类簇,之后采用随机分组的方式将不同的车货类簇随机分发给下一个 Bolt 层。步骤 4 中同样使用 Apache Storm 的 Bolt 组件建立一个用于在不同车货类簇中进行匹配计算的 Bolt 层,使用上一层 Bolt 随机分发的车货类簇进行车货匹配计算,计算方法可以参考前文介绍的基于量子进化算法的车货匹配方法,最终车货匹配方案数据的存储使用 Apache Hbase 实现。整个过程的技术实现框架如图 4.22 所示。

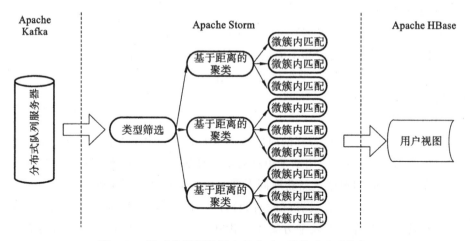

图 4.22 流式数据环境下车货实时匹配技术实现框架

4.3 本章小结

本章介绍了流式数据的定义、特点、统计方法和聚类方法,以及流式数据实时分析在交通运输物流领域中的应用。流式数据指按照时间顺序无限增加、持续的数据组成的数据序列,它具有与传统静态数据不同的特点:非匀速、按时间顺序到达、无限、易失和突发等。由于流式数据具有的这些特点,针对流式数据进行统计分析需要首先解决数据存储和数据时效性等问题,常用的抽样统计方法有:抽样技术、概要技术和时间窗口等。这些统计方法的提出给流式数据聚类提供了良好的指导思想,很多经典流式数据聚类算法都是利用抽样统计技术等存储和维护相应的流式数据的统计信息,使用时间窗口对不同时间段的数据进行差异化处理,提高了流式数据聚类的准确度,降低了内存、硬盘等存储资源的使用量。流式数据聚类算法来自传统数据聚类算法,因此也可以分为基于划分、基于层次和基于网格密度等几类。主要的流式数据聚类算法有 Stream、CluStream、HPStream、DenStream 和 D-Stream 等。近年来,大数据技术兴起,流式数据的特点决定了相关技术和应用离不开大数据技术。本章 4.2.1 和 4.2.2 中,使用流行的分布式实时计算框架和相关大数据产品,结合交通运输物流行业中的流式数据对相应的业务场景进行实时分析,使用 CluStream 流式聚类方法对交通运输物流热力实时分析方法进行研究,之后基于流式数据分析与实时计算框架提出一种大规模流式数据环境下车货实时匹配分析方法。

5 交通运输物流领域离线数据并行计算与应用

5.1 基于MapReduce的交通运输物流热点词词频统计方法

当今我们正处于一个信息高度膨胀的时代,网络上各类信息鱼龙混杂,想要从中寻找有效的信息是相当困难的,而人们也更加趋于通过网络来了解当前的热门话题或热门词汇。在这种环境的驱使下,从众多复杂的信息中提取热门信息从而发现热门趋势的技术势在必行。交通运输物流作为人们生活中最为重要的一部分,备受人们的关注,为了能让用户及时了解交通运输物流领域中舆论和资讯的热门信息资源,热点词的统计变得必不可少。了解到交通运输物流领域的热点词,可以方便用户更加高效地进行检索,从而确定当前的流行趋势,同时,热点词的统计也可方便管理者对交通运输物流领域出现频率较高的词语有准确认识,有利于向用户提供更实时的信息。

词频统计是对文章中每个词的出现频率进行统计,即已知某个关键词后,在目标文章中统计该词出现的频率。目前,很多学者都是基于词频统计对相关领域的相关问题进行研究,一些学者也单独对模式匹配下的词频统计进行过研究,伴随大数据概念的产生,在大数据环境下的词频统计需要对海量数据进行文本分析和统计分析,在并行计算框架机制下可以更加快速地进行词频统计,也可以增加目标数据的量,从而提高热点词的准确率。大数据环境下热点词词频统计的步骤如下所示。

1. 数据爬取

本书采用的是大数据软件基础架构中的Nutch进行Web数据爬取,Nutch是一个开源Java实现的搜索引擎,包含Web爬虫和全文搜索两部分,主要是从网络上抓取网页信息并为这些信息建立索引。Crawl中有三个重要的数据文件,分别是crawlDB、segments和index。crawlDB用于存放URL和URL之间的关系,是爬行与重新爬行的重要依据;segments用来存放抓回来的网页,页面内容有raw content和parsed text两种形式,Nutch以广度优先的原则在网络上爬行,因此每爬完一轮会生成一个segment;index用于存放所有index合并后的完整索引,同时索引文件只对页面内容进行索引,没有进行存储,因此查询时要去访问 segments 目录才能获得页面内容。Nutch 爬取数据的框架图如图 5.1 所示,具体流程如下:

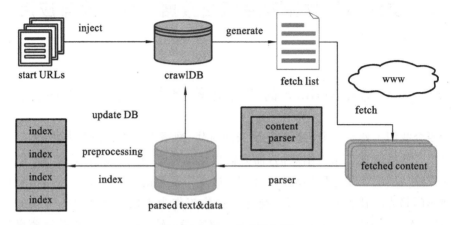

图 5.1　Nutch 爬虫框架图

(1) 创建新的爬虫数据库 crawlDB。

(2) 建立初始 URL 集 start URLs。

(3) 将 start URLs 注入 crawlDB 中,即 inject 操作。

(4) 建立抓取任务列表。对注入的 URLs 进行分析,确定抓取任务的详细信息,然后建立 fetch list,以后的抓取工作就可以根据预处理的此列表进行工作了。

(5) 通过 www(万维网)实现抓取工作,并将根据 fetch list 将抓取到的页面文件放在 fetched content 中,以便后续流程的处理。

(6) 通过内容解析器 content parser 对抓取到的页面文件进行分析和处理,得到文本内容以及其他可能需要的数据 parsed text & data。

(7) 根据网页分析处理获取到的信息,更新 crawlDB,并根据提取到的抓取任务已经注入的 URLs 循环执行抓取任务。

(8) 重复执行第(4)步到第(7)步,直到达到预先设定的抓取深度。

(9) 对预处理的文件进行分析、过滤、分词等,建立索引。

最终,将得到的爬取结果以 json 形式存储起来。

2. 文本分词

由于中文与英文书写格式的区别,中文环境下的文本内容需要借助于中文分词器提取词语,本书采用的中文分词工具为 IKAnalyzer,它是一个开源的基于 Java 语言开发的轻量级的中文分词工具包。以开源项目 Lucene 为应用主体,结合词典分词和文法分析算法的中文分词组件，独立于 Lucene 项目，同时提供了对 Lucene 的默认优化处理。该分词算法采用"正向迭代最细粒度切分算法"，支持细粒度和最大词长两种分词方式，速度最大支持 80 万字/秒(1600KB/秒)。并且支持多子处理器分析模式，包括中文、数字、字母，并兼容日文、韩文。同时，占用的内存较小，词库占有空间得到优化，用户还可自定义扩展词库。其结构图如图 5.2 所示。

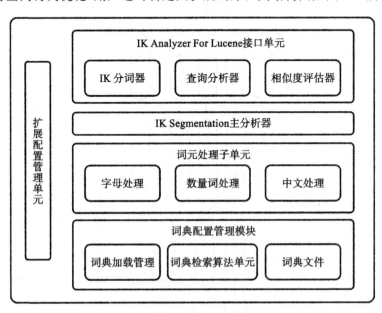

图 5.2　IKAnalyzer 分词算法结构图

3. MapReduce 下的词频统计方法

本书的词频统计主要是基于 MapReduce 运行机制进行计算，其中主要的部分即 Map 和 Reduce 两大部分。算法结构图如图 5.3 所示。具体的流程如下：

首先，上传输入文件。将待操作的文件上传至 HDFS，然后采用 IKAnalyzer 分词法对已知文本进行分词处理，初步得到分词结果。

第二，计算分片 split。在进行 Map 计算之前，MapReduce 会根据输入文件计算输入分片(input split)，每个输入分片(input split)针对一个 Map 任务。

第三，执行 Map 操作。对每一个输入分片计算其中包含的词语出现的次数，形成每一个分片的词语统计。

第四，执行 Shuffling 操作。对每一个输入分片的 Mapping 结果进行词语比对，将所有分片中出现的相同词汇汇总后，形成每个词语为一组的结果。

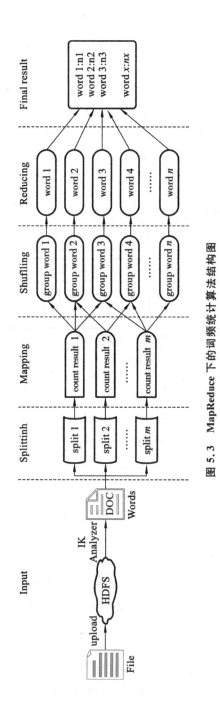

图 5.3　MapReduce 下的词频统计算法结构图

第五,执行 Reduce 操作。对每个词语所构成的组进行统计,得到每一个词出现的频率,形成初步的词频统计结果。

最后,得到词频统计最终结果。将初步的词频统计结果进行汇总,把所有的词语以及出现的频率汇总到一起,形成最终的词频统计结果。

为了能更直观地看出目标文本中出现频率较高的词汇,在词频统计结束之后,依然使用 MapReduce 机制对得到的统计文档进行词频从高到低的排序,最终得到结果。

4. 热点词可视化显示

为更加直观地看到热点词及其词频,采用 ECchars 的字符云和饼图对热点词及词频进行可视化显示。

5. 实验及结果分析

实验运行环境为 CPU 2.5GHz,内存 4GB,使用 JDK1.6 编程。热点词词频统计实验的结构图如图 5.4 所示。

图 5.4 热点词词频统计的结构图

首先通过 Nutch 技术从网络上爬取到实验数据,将这些数据经过适当预处理之后保存为 info.json 文件,文件结构如表 5.1 所示。

表 5.1 爬取到的数据文件结构

属性名称	属性含义
Recon	记录编号
URL	文章的 URL 地址
Title	文章标题
Abstract	文章摘要

续表

属 性 名 称	属 性 含 义
ParseText	文章的全文
Type	文章所属的类型

其次采用 IKAnalyzer 分词法，对目标文件进行分词处理，再基于 MapReduce 机制进行词频统计，同时，对得到的词频统计结果进行排序后得到词频统计的最终结果 hotword.txt 文件，文件结构如表 5.2 所示。

表 5.2　词频统计前 10 位

热 点 词	词　　频
物流	7826
快递	4216
企业	4099
发展	2606
服务	2422
中国	2085
行业	1953
平台	1632
公司	1622
市场	1573

第三，读取 hotword.txt 文件，将得到的词频统计结果存储在 HBase 的数据库表中，表名为 infoHotWord。该表用于存放所有文章的分词结果以及该词的词频。infoHotWord 表结构如表 5.3 所示。

表 5.3　infoHotWord 表结构

行　键　值	列　　簇	列　　名	列　　值
热点词	count	count	词频

最后，通过读取相应的数据库表，将词频统计结果以字符云、饼图和表格的形式显示在页面上，供用户查看。可视化结果如图 5.5 所示。

5 交通运输物流领域离线数据并行计算与应用

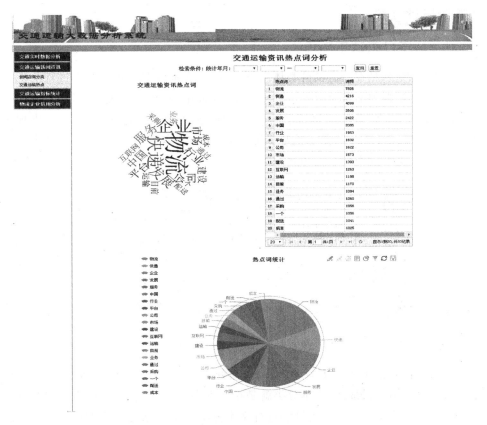

图 5.5　热点词词频统计可视化结果

5.2　基于非结构化文本分类的交通运输物流资讯新闻导览方法

现今,我们处在一个信息高度发展的社会,纷繁复杂的各类信息充斥在我们的生活中,网络也已经成为我们生活中不可缺少的一部分,各类信息以网页、电子邮件等形式充斥在网络上。随着网络化水平的快速发展,这些信息总量越来越庞大,同时,干扰信息也越来越多,我们从中精准地定位到自己所需的信息也越来越困难。在此环境下,文本分类技术应运而生,采用计算机技术,帮助人们从杂乱的信息中准确寻找到自己需要的信息。目前,文本分类技术已经在各类数字和信息化领域得到了广泛的应用,对获得的文本进行有效分类,可以使用户更加便捷地访问交通运输物流领域某一特定类别的相关文章,便于用户对特定类别的信息有更加

· 105 ·

清晰的认识和了解。

5.2.1 文本分类技术综述

文本分类,就是在一定的分类体系下,对目标文本按照一定的标准进行分类的过程,是文本挖掘中非常重要的一部分。从20世纪60年代到现在,经过六十多年的发展,文本分类已经从最初的手工分类,发展到了现在由机器代替人工,出现了文本分类系统。文本分类系统是基于机器学习的,基本可以分为两大类:文本训练和文本分类,文本分类的结构图如图5.6所示。

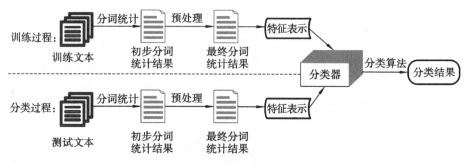

图 5.6 文本分类的结构图

文本训练就是对训练文本进行分词、预处理、词频统计和权重计算等,以便初步提取每一类别的特征值,文本分类就是在文本训练的基础上,根据每一类的特征值对测试文本采用一定的分类算法进行文本分类。文本分类算法大致可以分为两种:一种是基于训练文本的分类算法;另一种是基于分类词表的文本分类算法。基本的基于训练文本的分类算法主要有朴素贝叶斯算法、向量空间距离测度分类算法、K最邻近分类算法、支持向量机、神经网络算法等,很多学者在这些基本算法的基础上做了更深入的研究,对基本算法进行了改进。

邱鹏等在《一种新型朴素贝叶斯文本分类算法》中对经典朴素贝叶斯分类算法进行了改进,提出了一种"先抑后扬"(抑制先验概率的作用,扩大后验概率的影响)的文本分类算法,去掉了对先验概率的计算,并在后验概率的计算中引入了一个放大系数,加快分类的速度,提高了分类精度;罗新等在《基于蚁群智能算法的文本分类研究》中将蚁群算法的常识性引入文本分类领域,构建基于蚁群智能的文本分类模型,并在文本数据集上进行测试和比较,结果表明该模型可以较好地应用于文本分类;李建林在《一种基于PCA的组合特征提取文本分类方法》中通过对互信息(MI)、文档频率(DF)、信息增益(IG)和χ^2统计(CHI)算法的研究,利用其各自的优势互补,提出一种基于主成分分析(PCA)的多重组合特征提取算法(PCA-CFEA),

有效地提高了文本分类的正确率和执行效率;崔建明等在《基于 SVM 算法的文本分类技术研究》中采用支持向量机(SVM)的理论在使用文本分类技术的同时,将优化的粒子群算法(PSO)引入 SVM 分类算法中,优化了文本分类器的参数,将分类器的准确率作为 PSO 算法适应度函数,通过粒子移动操作找出最佳参数并用 SVM 算法进行分类,提高了分类的准确性。此外,田丰等在《采用类别相似度聚合的关联文本分类方法》中提出了一种基于类别相似度聚合的关联文本分类方法,刘赫等在《一种基于特征重要度的文本分类特征加权方法》中提出了一种基于特征重要度的特征加权方法,姚全珠等在《基于 LDA 模型的文本分类研究》中,提出了一种基于 LDA 模型的文本分类算法,在判别模型 SVM 框架中,应用 LDA 概率增长模型,对文档集进行主题建模,在文档集的隐含主题-文本矩阵上训练 SVM,构造文本分类器,刘露等在《一种基于聚类的 PU 主动文本分类方法》中利用聚类技术和正例文档应与反例文档共享尽可能少的特征项这一特点结合 SVM 主动学习和改进的 Rocchio 构建分类器,并采用改进的 TFIDF 进行特征提取,这些探索都在一定意义上提高了文本分类的效率和精度。本书采用的分类算法是基于词频和权重的,下面对文本分类的各个环节进行详细的说明。

1. 分词技术

中文文本的分词不同于英文分词,词与词之间并没有像英文中空格一样的明显分隔,中文具有大字符集连续书写的特点,如果不进行分析,计算机则无法得知中文词的确切边界,从而很难理解文本中所包含的语义信息。因此,中文分词是自然语言处理中的一个关键的基础技术,是其他中文应用,例如,命名实体识别、句法分析、语义分析等的前期文本处理关键环节,其性能的优劣对于中文信息处理尤为重要。

通常来说,分词算法可被分为基于字符串匹配的分词方法、基于理解的分词方法和基于统计的分词方法三大类。

1) 基于字符串匹配的分词方法

该方法又叫机械分词方法,这种方法需要一个类似"词典"的东西,将需要分析的字或者词与这个"词典"进行一定规则的比对,若在词典中找到了该词或字,则认为此次匹配成功。这种匹配可以按照扫描方式的不同分为正向匹配和逆向匹配,也可按照不同长度优先匹配原则分为最大匹配和最小匹配,还可按照是否与词性标注过程相结合分为单纯分词方法和分词与标注相结合的一体化方法。

2) 基于理解的分词方法

人具有分词的能力,当看到一个汉字串的时候,可以迅速利用自己的理解力对其进行正确的划分,而基于理解的分词方法就是使计算机通过相应的计算机技术像人一样实现对汉字串的理解，从而实现分词。要使计算机可以理解人类的语言，就要让它可以像人一样进行语义分析，了解句子的语法结构并且还要具有处理歧义的能力，目前的分词技术可以分为三个主要的部分：分词子系统、句法语义子系统、总控部分。其中，总控部分用来实现对系统的总体调节，分词子系统获取相关语法和语义信息来模拟人对句子的理解，和人一样，没有一定的积累是无法准确地对语义进行判断的，因此，这种分词方法也需要大量的语言知识的积累。

3）基于统计的分词方法

这种方法主要根据语句中相邻汉字共同出现的频率或者概率的统计结果来计算互信息，互信息可以有效地体现汉字之间的紧密度，我们可以规定一个阈值与计算得到的互信息进行比对，若高于该阈值，则可认为该共现的词组构成了词，否则，不进行分词。这种方法相较字符串匹配的分词方法需要基数较大的"词典"更为简便。

在对新闻资讯分类的过程中，采用了 IK Analyzer 分词法，它是一个开源的、基于 Java 语言开发的轻量级的中文分词工具包，详细的介绍见前文所述的交通运输物流热点词词频统计部分。根据实际情况以及需求，我们只选取了文章的标题在 MapReduce 机制下进行分词。

2. 文本表示

在进行文本分类之前，需要先将待分类的文本进行文本表示，即采用一定的模型或算法将文本表示为某种特定的计算机能够处理的格式，以便于后续的算法进行操作。文本表示是很多文本处理操作的基础，现今已经有很多学者对文本表示的模型进行了深入的研究，除了空间向量、语言模型等传统的文本表示模型，还有基于本体和语义的文本表示模型等。

向量空间模型(Vector Space Model,VSM)是当前自然语言处理中常用的主流模型，其基本思想是把文档简化为以其特征项的权重为分量的向量表示：$(t_1,w_1;t_1,w_1;\cdots;t_1,w_1)$，其中 t_i 为文档中第 i 个特征项，w_i 为第 i 个特征项的权重。

单词权重最为有效的实现方法就是 TF-IDF，TF(Term Frequency)即词频，表示该词在文档中出现的频率；IDF(Inverse Document Frequency)即反文档频率，可以指示该词是否具有代表性。假设某一个单词在一篇文档中出现的频率很高，那么同时认为这个单词在其他同类文档中出现的频率也很高。当一个单词在一篇文章中出现的频率很高，而在其他的文档中出现的频率却很低时，这个词就可以认为是足以代表这篇文档的，也就是说该词语具有很大的区别不同类文档的能力。

假设特征词在某文档中出现的次数为 a，包含这个特征词的文档的数量为 n，则 TF-IDF 可以表示为 a/n，在众多的 TF-IDF 公式中，最常用的为：

$$w_{ik} = \frac{tf_{ik} \times \log(N/df_k + 0.01)}{\sqrt{\sum T_k \in D_i \left[tf_{ik} \times \log(N/df_k + 0.01)\right]^2}} \quad (5.1)$$

其中：w_{ik} 表示特征项 t_k 在文档 D_i 中的权重；tf_{ik} 表示特征项 t_k 在文档 D_i 中出现的频率，tf_{ik} 越高意味着特征项对文档越重要；df_k 表示出现特征项的文档频率，df_k 越高意味着特征项 t_k 在衡量文档之间相似性方面的作用越低；N 为全部文档的数量。

从本质上来看，IDF 模型试图减少噪音影响，同时，很简单直接地视词频小的词语为重要，视词频大的词语为无用，这种说法显然存在一定的可信度问题，由于一些词是地名或者时间年份等，对实际分类的帮助不大，还很有可能对实验结果造成不好的影响，在实验中我们选择了 900 多篇文章，在这 900 多篇文章中只出现过 4 次及以下的词语我们认为它不能够作为区分文本的依据，将其特征值设为无限小。

3. 特征值提取

文本数据并不是结构化的，而是半结构化甚至非结构化的，在上述文本表示部分，我们已经清楚最常用的文本表示模型就是向量控件模型，将文本采用一定维度的向量表示出来，但是最初通过该模型得到的向量维数一般都比较大，有时维度甚至会达到几十万。在这些维度中，并不是所有的属性都有能力用来表示这篇文档，还包含了很多不具有明显特征的属性，因此，我们需要从这些维度当中进行特征选择，从中挑选出能够表示该文档的维度，从而得到一个新的向量，这就是特征向量，这一过程就是特征提取的过程。

在文本分类过程中，文本向量的维数往往是惊人的，这使得特征提取非常有必要，而进行特征提取有一个很重要的依据就是特征词的权重。在 TF-IDF 算法中，如果一个词在某一篇文档中出现的频率很高，而在其他文档中出现的频率很低，则这个词具有足够表示该篇文档的能力，也就是说这个词的特征权重很大。当得到所有词的特征权重之后，将这些词进行排序，以便进行特征值的选择。我们可以规定一个阈值，选择特征值在这一阈值以上的所有词作为特征向量，也可以选择特征值最大的 N 个数，作为特征向量。

4. 分类算法

研究文本自动分类的核心问题是如何构造分类函数（分类器），分类函数需要通过某种算法进行学习获得。分类是重要的数据挖掘方法，在文本分类中，几乎存在着和一般分类同样多的方法。文本分类的方法一般可以分为基于训练集和基于分类词两种。基于训练集的分类方法一般用在计算机或者人工智能领域，本文也主要讲解这一方法。

基于训练集的文本分类方法一般有基于文本特征向量相关性的方法、基于神经网络技术的方法、基于遗传算法的方法、基于关联的方法、基于EM算法的方法等。

1) 朴素贝叶斯算法

朴素贝叶斯(Naive Bayes)算法是以贝叶斯定理为基础的，对于待分类的文本，我们分别计算当这一文本出现的时候，各个类别出现的概率，并将概率最大的那一类认为是该文本所属的类别。

2) 向量空间距离测度分类算法

这一算法主要是将每个文本的特征向量用其中心向量代替，然后对待分类的文本的特征向量与待比对的文章的中心向量进行距离计算，最后将待分类文章归于与之距离最近的那一类，下面是操作步骤：①确定此次分类的类别都有哪些；②提供训练的文本集合，这些训练文本是包含其所属类别的；③提取训练文本中的文本特征向量，并计算同类文本特征向量的平均值，得到代表这一类别的中心向量；④将待分类文本用空间向量模型表示，并提取特征向量；⑤计算待分类文本的特征向量与每个类别中心向量之间的距离，确定待分类文本的最终所属类。

3) K 最邻近分类算法

该算法与向量空间距离测度分类算法不同的是，向量空间距离测度分类算法直接将待分类的文章归于与之距离最近的那一类，而 K 最邻近分类算法没有对同一类的文档进行归一化，而是将待分类的文档与所有训练文本进行距离计算，然后找到与之距离最近的 K 篇文档，再根据一定的规则和这 K 篇文档的类别确定待分类文本的类别。具体操作为：首先，训练文本的向量需要根据特征向量集进行重新表示；其次，将待分类的文本表示为特征向量的形式；再次，采用余弦计算方法计算待分类文本与训练文本之间的距离，并找到与待分类文本距离最近的 K 个文本；最后，找到的 K 个文本分别计算其类别权重，并将待分类文本归于类别权重最大的那一类。

4) 支持向量机

支持向量机(Support Vector Machine，SVM)被提出后在许多问题中展现出了其优势，并被推广到了诸多机器学习的问题中。

支持向量机的基本实现思想是：通过某种事先选择的非线性映射把输入向量 x 映射到一个高维特征空间 Z，在这个空间中构造最优分类超平面。也就是SVM采用输入向量的非线性变换，在特征空间中，在现行决策规则集合上按照正规超平面权值的模构造一个结构，然后选择结构中最好的元素和这个元素中最好的函数，以达到最小化错误率的目标，实现了结构风险最小化原则。

5）神经网络算法

智能优化算法也可以应用于文本分类中,神经网络算法是采用感知算法进行文本分类的,在此种模型中,分类知识被隐式地存储在连接的权值上,使用迭代算法来确定权值向量,当网络输出判别正确时,权值向量保持不变,否则进行增加或降低的调整,因此也称其为奖惩法。一般在神经网络算法中包括两个部分:训练部分和测试部分,以样本的特征项构造输入神经元,特征的数量即为输入神经元的数量,至于隐含层数量和该层神经元的数目要视实际而定。在训练部分通过对相当数量的训练样本的训练得到训练样本输入与输出之间的关系,即在不断的迭代调整过程中得到连接权值矩阵。测试部分则是针对用户输入的待测样本的特征得到输出值,即该样本所属的类。

本书采用自定义的文本分类算法,将待分类的文章与自定义词库文件进行比对,从而确定其所属类别,算法模型如下:

假设自定义词库文件为 L,表示成矩阵形式为

$$L = \begin{bmatrix} l_{11} & l_{12} & \cdots & l_{1m_1} \\ l_{21} & l_{22} & \cdots & l_{2m_2} \\ \vdots & \vdots & \vdots & \vdots \\ l_{n1} & l_{n2} & \cdots & l_{nm_n} \end{bmatrix}$$

其中,n 表示类别数;$l_{ij} = \{word, weight\}$,word 表示第 i 类中包含的第 j 个词,weight 表示该词所对应的权重;m_i 表示第 i 类所包含的词语的个数。

待分类的文章在进行相关处理后,也可表示为矩阵形式:

$$F = \begin{bmatrix} f_{11} & f_{12} & \cdots & f_{1m_1} \\ f_{21} & f_{22} & \cdots & f_{2m_2} \\ \vdots & \vdots & \vdots & \vdots \\ f_{n1} & f_{n2} & \cdots & f_{nm_n} \end{bmatrix}$$

其中,n 表示待分类文章的个数;f_{ij} 与 L 矩阵中 l_{ij} 的意义相同;m_i 表示第 i 篇文章所包含的词语的个数。

将待分类文章矩阵 F 中的每一行与自定义词库矩阵 L 进行比对,可以得到一个与 L 矩阵同行数同列数的结果矩阵 R_0,在初始情况下,R_0 矩阵是一个零矩阵。假设,将 F 中的第 p 行与 L 进行比较,如果 $f_{pq}[word] = l_{ij}[word]$,则表示第 p 篇文章的第 q 个词在词库文件中的第 i 类中出现了,此时可将原始 r_{ij} 替换为 l_{ij},依次类推,直到 F 矩阵中第 p 行的所有词均与 L 比对完毕,此时可以得到稀疏矩阵 R_0,可表示为:

$$R_0 = \begin{bmatrix} 0 & l_{12} & 0 & l_{14} & \cdots & 0 \\ 0 & 0 & l_{23} & 0 & \cdots & l_{2n} \\ \vdots & \vdots & \vdots & \vdots & & \vdots \\ l_{n1} & 0 & 0 & 0 & \cdots & l_{nn} \end{bmatrix}$$

将 R_0 矩阵的每一行对 weight 进行求和计算,即可得到与 R 同行数的汇总矩阵 R,表示为:

$$R = \begin{bmatrix} r_1 \\ r_2 \\ \vdots \\ r_n \end{bmatrix}$$

由于 F 矩阵中第 p 行的所有词可能在 L 中的某一行中从来没有出现过,因此,矩阵 R 中的某一行在对 weight 求和之后可能为 0。接下来,对 R 中的每行数字进行对比,假设其中最大的数为 R_i,则 F 矩阵中第 p 行所代表的文章属于第 i 类。

按照上述的方法,对矩阵 F 中的每一行进行对比和计算,即可得到所有待分类文章的所属类。

5.2.2 文本训练

根据中国物流与采购联合会的相关内容,我们将新闻资讯分为以下几类:展会信息、企业、产业分析、国际物流、物流信息化、产业安全、快递、供应链、生产资料流通、空运、地方物流、综合物流、仓储配送、物流装备、陆运、采购、宏观经济、外贸、水运。

训练样本和用于热点词词频统计的样本一样,是用 Nutch 爬取得到的,所爬取到的数据文件结构也与热点词词频统计实验中相同。文本训练的结构图如图 5.7 所示。

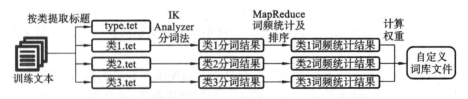

图 5.7 文本训练的结构图

文本训练的具体步骤如下:

第一步,从爬取到的数据中抽取所有文章的标题,并且按其所属分类,将属于同一类的标题存储在一个 txt 文档当中,一共有多少个类,就会产生多少个对应的标题文件。同时,用一个文件来存储所有的类名称,其中,存储类名称的文件中类名的排列数序与标题文件名称中的序号是相对应的,以便于后期的计算。

第二步,采用 IKAnalyzer 分词法对标题文件进行分词处理,并在 MapReduce 机制下进行词频统计和排序。这一步的操作和热点词词频统计部分是一样的,不做详细讲解。

第三步,根据词频统计的结果计算每个词的权重,从而得到自定义的词库文件,框架图如图 5.8 所示。

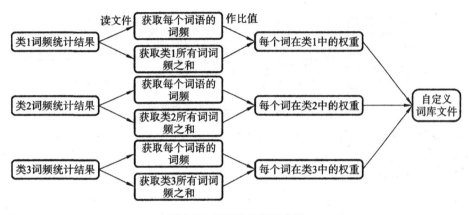

图 5.8 自定义词库形成图

自定义词库文件的每一行代表一类,行中包括这一类中的所有词以及该词在这一类中的权重。

5.2.3 文本分类

待分类文本内容同样是采用 Nutch 方法在网络上爬取到的,其数据文件结构也与热点词词频统计实验中相同。文本分类的总体结构图如图 5.9 所示。

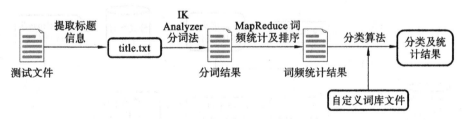

图 5.9 文本分类的总体结构图

文本分类的具体步骤如下:

第一步,从爬取到的数据中抽取所有文章的标题,将待分类文章的标题存储在一个 txt 文档当中,每一行代表一篇文章。

第二步,采用 IKAnalyzer 分词法对标题文件进行分词处理,并在 MapReduce 机制下进行词频统计和排序。这一步的操作和热点词词频统计部分是一样的,不做详细讲解。

第三步,词频统计结果文件的每一行代表一篇文章,每行包括该文章标题中出现的所有词以及词频。某一篇文章的分类操作框架图如图 5.10 所示。具体分类过程如下:

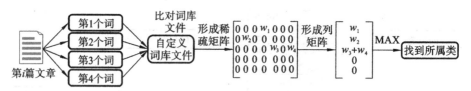

图 5.10　第 i 篇文章的分类操作框架图

首先,比对一篇文章中出现的每个词在词库文件中是否出现过,以及出现的类别和该词的权重,并记录下来;

其次,将该篇文章中所有词语比对结束后,形成一个由词及权重组成的稀疏矩阵;

再次,汇总每一类别中出现的该篇文章中的词语权重之和,将权重之和最大的类别记录下来,作为这篇文章的所属类别;

最后,对每一篇待分类的文章执行上述的操作,最终将所有文章分类成功。

5.2.4　交通运输物流资讯分类导览系统的实现

实验运行环境为 CPU 2.5GHz,内存 4GB,使用 JDK1.6 编程。文本分类的实验结构图如图 5.11 所示。

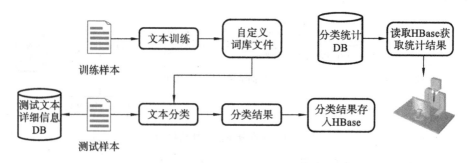

图 5.11　文本分类的实验结构图

首先,对获取到的训练样本进行文本训练,得到自定义词库文件。训练样本和测试样本使用的是从"中国物流与采购联合会"官网的新闻资讯部分爬取的文章,每一类别的训练样本数量如表 5.4 所示。

表 5.4 训练及测试样本

类别编号	类别名称	训练样本数
1	外贸	24
2	仓储配送	63
3	产业分析	77
4	物流信息化	34
5	空运	35
6	水运	35
7	国际物流	32
8	生产资料流通	48
9	地方物流	32
10	采购	36
11	陆运	60
12	综合物流	99
13	宏观经济	40
14	展会信息	24
15	快递	95
16	企业	65
17	物流装备	48
18	产业安全	38
19	供应链	38

测试样本中包含每篇文章的相关信息如表 5.5 所示。

表 5.5　爬取到的数据文件结构

属 性 名 称	属 性 含 义
Recon	记录编号
URL	文章的 URL 地址
Title	文章标题
Abstract	文章摘要
ParseText	文章的全文

其次，将测试文件的相关信息存储在 HBase 表中，表名为 detailinfo，detailinfo 表用于存放文章的信息，包括文章标题、文章类别以及文章的 URL 地址。行键为文章的标题，该表中只有一个列簇，列簇名为"info"，列簇中包含两列，第一列列名为"URL"，用于存放该篇文章的 URL 地址，第二列列名为"category"，用于存放该篇文章的类别。detailinfo 表结构如表 5.6 所示。

表 5.6　detailinfo 表结构

行 键 值	列 簇	列 名	列 值
文章标题	info	URL	文章地址
文章标题	info	category	文章类别

再次，结合训练得到的自定义词库文件对测试文本进行分类，得到分类结果，并将分类结果存储在 HBase 数据库中，表名为 infocategory。infocategory 表用于存放文本分类后各类别名称以及文章数。行键为分类的名称，总共有 19 类，分别为展会信息、企业、产业分析、国际物流、物流信息化、产业安全、快递、供应链、生产资料流通、空运、地方物流、综合物流、仓储配送、物流装备、陆运、采购、宏观经济、外贸、水运。该表中只有一个列簇，列簇名为"count"，列簇中只包含一列，列名为"count"，用于存放每类的文章数。infocategory 表结构如表 5.7 所示。

表 5.7　infocategory 表结构

行 键 值	列 簇	列 名	列 值
类别名称	count	count	文章数

最后，将分类统计的结果从 HBase 数据库中取出，并以树形矩阵的形式显示出来，如图 5.12 所示。点击树形矩阵中的任意部分，该类别下的所有文章会在表格中显示出来，如图 5.13 所示。

5 交通运输物流领域离线数据并行计算与应用

图 5.12 分类结构树形矩阵图

图 5.13 分类下属文章详细信息图

5.3 大数据环境下的物流企业信用评价方法

5.3.1 应用背景与意义

现代物流业的形成与发展过程证明，物流是降低企业生产经营成本、挖掘第三方利润源泉、提升企业市场竞争力和提高国家经济运行质量的重要途径。同时，也是现代服务业的重要支柱产业之一，加快发展现代物流业对于推动企业、产业和宏观经济发展均具有重要的意义。对于信息化环境下物流企业的提供方和需求方彼此之间的交易存在空间上的距离、时间上的延迟以及信息间的不对称，深入了解双方之间的信用水平、信用度，对于物流业务是否能够顺利对接、执行和完成有至关重要的影响。物流企业的服务商与客户之间需要以信任为基础，建立亲密的合作关系，才能为其提供多样化的服务，为顾客创造更多的价值，最终达到"双赢"的目的。因此，选取一套科学、有效的信用评价指标，构建一套完整、可行的信用评价机制尤为重要。我国物流行业近年出现多起物流企业欺诈事件，不仅发生在一些小的物流公司中，有些规模较大的物流公司也频频发生物流欺诈、违约事件。这些现象，不仅引发了物流企业的信用危机，大大降低物流行业总体信誉和企业形象，而且对于未来物流行业的进一步发展造成了极大的阻碍。构建物流企业信用评价体系，加快物流行业信用建设，不断完善社会信用体系，不仅是解决我国物流市场目前发展中诸多问题、纠正行业不正之风的治本之策，也有着重要的现实意义。

(1) 物流企业信用评价体系的建立可以转变物流行业信用文化氛围，规范经济规则和市场秩序。物流市场上存在的各种失信现象不同程度地制约着物流行业的健康发展，一些盲目的诚信缺失行为严重扰乱了物流市场的正常秩序，违背了市场经济的客观规律。因此，寻找科学有效的信用评价方法，对评价物流企业信用、加强物流市场信用建设、引导物流市场健康有序发展、规范物流市场运行规则和秩序，具有十分重要的意义。

(2) 物流企业信用评价体系的建立可以提升物流企业防范信用风险的意识，提升自己的融资能力。物流企业信用评价研究有助于物流企业实现最大的经济利益，客户企业通过对物流企业进行科学的信用评价，可以及时对物流企业进行信用评估，确定相应的信用政策、信用交易方式、信用规模等，减少交易的盲目性，消除信息不对称，从而可以帮助相关企业有效地防范信用风险，减少信用成本，增大经营利润。

(3) 物流企业信用评价体系的建立可以促进物流企业自身的发展，增强企业的核心竞争力。物流企业可以通过信用评价对本企业开展自评,找出本企业的不足之处,进而分析下一阶段的重点发展方向,指导物流企业在短时间内找出存在的问题,有针对性地提高自身的信用水平,增强企业的核心竞争力。

5.3.2 物流企业信用评价方法

物流企业以契约模式为基础,同时为其他物流企业提供服务。对于物流企业的提供方和需求方,其之间的交易存在时间上的延迟。所以,深入了解彼此之间的信用水平、信用度显得尤为重要。物流企业的服务商与客户之间需要以信任为基础,建立融洽和谐的合作关系,才能为其提供多样化的服务,为顾客创造更多的价值,最终达到"双赢"的目的。本书在充分了解物流企业特点的基础上,深入研究了影响物流企业信用评价的因素,并构建了一套物流企业信用评价体系,希望可以为规范物流行业信用水平提供依据,同时可以加快物流行业的高效快速发展。信用评价也称为信用评估、信用评级、资信评估、资信评级等,它是对各类企业所负各种债务能否如约还本付息的能力和可信任程度的评估,是一个具有因素多、标准不一等特点的问题。常用的信用评价方法有因子分析法、数据包络分析法、层次分析法以及以上多种方法相结合的方法。

从信用评价诞生之后的一个多世纪中,全球各个国家都不断地对信用方法及评价模型进行分析研究。在信用评价中,最重要的是对被评价行业的评价指标因素进行确定,选择相应的信用评价模型,将多个评价指标综合起来,进行权重的赋值,并最终形成一定的信用评价体系。

1. 信用评价的相关方法

信用评价方法,一般情况下经常使用的有多元判别分析模型、回归分析法、人工神经网络法和层次分析法等。

1) 多元判别分析模型(MDA)

多元判别分析模型是对企业多个财务比率进行汇总,求出一个总判别分值来预测企业财务危机的模型。最早在20世纪,Edward.Altman首次运用判别分析法对企业的信用评价情况进行分析,通过收集大量数据,筛选了22个财务指标作为研究变量,并选择其中最具有代表性的5个指标作为研究基础,5个指标分别是X_1=营运资本/总资产;X_2=留存收益/总资产;X_3=息税前收益/总资产;X_4=权益账面价值/账面债务总额;X_5=销售收入/资产总额,并建立了Z模型,见公式(5.2):

$$Z = 0.71X_1 + 0.847X_2 + 3.1X_3 + 0.42X_4 + 0.998X_5 \quad (5.2)$$

Z模型的运用需要对大量的财务数据进行统计整理和分析,但有些数据很难获得,因此AlexanderBathory在Z模型的基础上,建立了Bathory模型,该模型使计

算更加的简便,使数据更易获得,同时不仅可以预测企业破产的可能性,还可以将企业的实力一起预测出来,见公式(5.3):

$$Y = X_1 + X_2 + X_3 + X_4 + X_5 \tag{5.3}$$

但是,在实际操作过程中,无论是 Z 模型还是 Bathory 模型,都存在着一定的缺陷:一方面,在信用评价过程中,对于评价指标的确定,上述模型法更多的是以企业财务报表为基础来获得财务数据的相关信息,忽略了市场经济活动中的其他指标因素,从而使评价结果的准确率降低;另一方面,在多元判别法的运用过程中,需要调查的数据服从正态分布,但现实市场经济活动中,数据信息是很难呈正态分布的,所以,最终做出的信用评价结果难免存在不准确性。

2) 回归分析法

为了消除多元判别法对数据服从正态分布的依赖,Martin 在 1977 年建立了 Logistic 回归模型,西方一些专家借用 Logistic 函数建立了 LogisticRegression 信用评分模型。回归分析模型主要解决的是 0-1 回归问题,该模型假设信用危机发生的概率是 p,同时假设 $\ln[p/(1-p)]$ 可以通过财务比率来线性表示,见公式(5.4)、公式(5.5):

$$\ln[p/(1-p)] = \alpha + \beta x \tag{5.4}$$

$$p = [1 + \exp(-\alpha - \beta x)] - 1 \tag{5.5}$$

3) 人工神经网络法

人工神经网络法是以认知科学和神经心理学为基础的,同时将数学方法引入其中来进行运算,因此它具备较高的计算能力和容错能力。神经网络的应用最初是由 Tam(1991)、Kiang(1992)、Dutta、Shekhar(1992)建议用于银行破产的预测的。神经网络的结构通常可以分成三部分:输入层、中间隐含层以及输出层。

神经网络方法最大的优势是运算,它选择模型时比较简便,另外避免了线性模型带来的限制,所以它是一种非线性模型。它可以使评估模型的建立过程更加方便快捷。但是,不可否认的是,人工神经网络法也存在着一定的不足:一方面,它的工作随机性比较强,这样就会使评价结果存在不稳定性;另一方面,如果想要构建一个比较优秀的神经网络结构,我们就需要消耗大量的人力、物力、财力来进行调试,这样造成了成本的增加。所以,这个方法在社会中的普及受到了一定的制约。

4) 层次分析法(AHP)

层次分析法,最初是在 20 世纪 70 年代由美国运筹学家 T. L. Saaty 提出的。该方法主要是通过对比较复杂的问题进行详细的研究,主要研究其因素之间的关系,然后使用少数代表性比较强的因素来进行最终决策。

2. 层次分析法简介

层次分析法(AHP)是由美国数学家萨蒂提出并逐步完善的一种简易实用的决

策方法。它是一种分析多目标、多准则量化、将人脑分析方案的过程数学化、定性与定量相结合的系统分析方法。这种分析方法的特点是在对复杂决策问题的本质、影响因素、内在关系进行分析研究的基础上,利用比较少的定量信息使决策的思维过程数学化,从而最终为多目标、多准则以及无结构特性的复杂决策问题提供简单方便的决策支持方法。层次分析法把研究对象作为一个系统,按照分解、比较判断、综合的思维方式进行决策,成为继机理分析、统计分析之后发展起来的系统分析的重要工具。对于"方案层+因素层+目标层"构成的递阶层次结构决策分析问题,AHP给出一整套的处理方法。另外,AHP把定性方法和定量方法有机地结合起来,使复杂的系统分解,能将人们的思维过程数学化和系统化,便于人们接受。

运用层次分析法进行评价或决策时,大体分为四步:①明确问题,建立层次分析法的层次结构评价模型;②构造判断矩阵;③层次单排序及其一致性检验;④层次总排序及其一致性检验。

1) 建立层次结构模型

运用层次分析法解决问题时,首先要将问题条理化、层次化,构建一个有层次的结构模型。这种层次结构中包括最高处、中间层和最底层,层次结构模型示意图如图5.14所示。

最高处:该层是目标层,表示解决问题的目的,即层次分析要达到的总目标。一般情况下只有一个目标,若有多个分目标的时候,我们可以在最高目标层下面继续再建立一个分目标层。

中间层:该层包括准则层以及指标层。它表示采取了某一方案来实现预定的总目标所涉及的各项准则和指标。

最底层:该层是方案层,它代表要选用的解决问题的各种措施、策略和方案等。

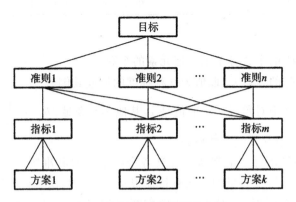

图 5.14 层次结构模型示意图

2) 构造判断矩阵

层次分析法的一个重要特点就是用两两重要性程度之比的形式表示出两个方案的相应重要性程度等级。判断矩阵如表 5.8 所示。

表 5.8 判断矩阵

A_1	B_1	B_2	…	B_K
B_1	b_{11}	b_{12}	…	b_{1k}
B_2	b_{21}	b_{22}	…	b_{2k}
⋮	⋮	⋮	⋮	⋮
B_K	b_{k1}	b_{k2}	…	b_{kk}

在判断矩阵中,A_i 为上一层元素,B_i 为本层次元素,b_{ij} 表示相对于上一层的元素 A_i、B_i 和 B_j 相对比的重要性程度。根据对人的心理特征和思维规律的研究,AHP 法一般采用的是 9 种标度来确定 b_{ij} 的值,9 种标度的含义如表 5.9 所示。

表 5.9 9 种标度的含义

标 度	定 义	说 明
1	同样重要	两个元素对比某一属性具有同样重要性
3	稍微重要	一个元素比另一个元素稍微重要
5	明显重要	一个元素比另一个元素明显重要
7	重要得多	一个元素的主导地位在实践中显示出来
9	极端重要	一个元素的主导地位占绝对重要地位
2,4,6,8	相邻折中	在两个标准之间折中时的定量标度

说明:

(1) 判断矩阵的个数等于上一层元素的个数。

(2) 判断矩阵的元素 b_{ij} 取值为 9 种标度的值或其倒数。

(3) 判断矩阵中对角线元素的值是 1,其他元素满足:$b_{ij} = \dfrac{1}{b_{ji}}$。

3) 层次单排序及其一致性检验

层次单排序是指每一个判断矩阵其各个因素针对其准则的相对权重,本质上是计算权向量。计算权向量的方法有特征根法、和法、根法、幂法等,这里主要介绍和法。和法的基本原理是,对于一致性判断矩阵,每一列归一化后就是相应的权重。对于非一致性判断矩阵,每一列归一化后近似其相应的权重,最终再对这 n 个

列向量求算术平均值,来作为最后的权重。具体的公式见公式(5.6):

$$W_i = \frac{1}{n} \sum_{j=1}^{n} \frac{a_{ij}}{\sum_{k=1}^{n} a_{k1}} \tag{5.6}$$

另外,在层次排序中,我们必须要对判断矩阵进行一致性检验。在特殊情况下,判断矩阵可以具有传递性和一致性。但在一般情况下,并不要求判断矩阵严格满足这一特殊性质。从人类认识规律看,一个正确的判断矩阵的重要性排序是有一定逻辑规律的,例如如果 A 比 B 重要,B 又比 C 重要,则从逻辑上讲,A 应该比 C 明显重要,若两两比较时出现 C 比 A 重要的结果,则该判断矩阵违反了一致性准则,则认为在逻辑上是不合理的。因此在实际进行排序时,我们要求判断矩阵必须满足大体上的一致性,也就是说,需要进行一致性检验。只有通过了检验,才能证明判断矩阵在逻辑上是合理的,最后才能继续对计算结果进行分析。

进行一致性检验的操作步骤如下。

第一步,计算一致性指标 CI(Consistency Index),见公式(5.7):

$$CI = \frac{\lambda_{\max} - n}{N - 1} \tag{5.7}$$

第二步,查表,确定相应的平均随机一致性指标 RI(Random Index)。

根据判断矩阵的不同阶数,查表 5.10,可以得到 RI(平均随机一致性指标)。

表 5.10 与 1~9 阶矩阵相对应的 RI 值

n	1	2	3	4	6	7	8	9
RI	0.00	0.00	0.58	0.90	1.24	1.32	1.41	1.45

第三步,计算一致性比例 CR(Consistency Ratio),并进行一致性检验的判断,见公式(5.8):

$$CR = \frac{CI}{RI} \tag{5.8}$$

当 CR<0.1 时,我们认为判断矩阵的一致性是可以接受的;当 CR>0.1 时,我们认为判断矩阵是不符合一致性检验要求的,需要对该判断矩阵进行重新的修改以最终使得 CR<0.1。

4) 层次总排序及其一致性检验

这一步骤是从高到低,逐层进行的。利用同一层次的层次单排序结果,可以计算针对上一层次而言,本层次所有影响元素重要性的权值。假设上一层次的所有元素 $A_1, A_2, \cdots, A_m$ 的层次总排序已经完成,得到的权值是 $a_1, a_2, \cdots, a_m$,与 A_j 对应的本层次元素 $B_1, B_2, \cdots, B_n$,其单排序的最终结果是 $b_{1j}, b_{2j}, \cdots, b_{nj}$,层次总排序表如表 5.11 所示。

表 5.11　层次总排序表

层次 A/B	A	A	...	A	B 层次总排序
	a_1	a_2	...	a_m	
B_1	b_{11}	b_{12}	...	b_{1m}	$\sum a_j b_{1j}$
B_2	b_{21}	b_{22}	...	b_{2m}	$\sum a_j b_{2j}$
⋮	⋮	⋮	⋮	⋮	⋮
B_n	b_{n1}	b_{n2}	...	b_{nm}	$\sum a_j b_{nj}$

同层次单排序相同，层次总排序也需要进行一致性检验。假设已经算出了针对第 $k-1$ 层的第 j 个元素为准则的 $CI_j^{(k)}$、$RI_j^{(k)}$ 和 $CR_j^{(k)}$，$j=1,2,\cdots,m$，那么第 k 层的综合检验指标，见公式(5.9)、公式(5.10)、公式(5.11)：

$$CI_j^{(k)} = (CI_1^{(k)}, CI_2^{(k)}, \cdots, CI_m^{(k)}) w^{(k-1)} \tag{5.9}$$

$$RI_j^{(k)} = (RI_1^{(k)}, RI_2^{(k)}, \cdots, RI_m^{(k)}) w^{(k-1)} \tag{5.10}$$

$$CR^{(k)} = \frac{CI^{(k)}}{RI^{(k)}} \tag{5.11}$$

当 $CR^{(k)} < 0.1$ 时，认为判断矩阵的整体一致性是可以接受的。

5.3.3　大数据环境下的物流企业信用评价指标

在大数据背景下，物流企业在客户中的口碑及在运营过程中的信用记录都可以通过互联网进行更全面、更透彻的挖掘。大数据算法使得这些潜伏在互联网中的海量数据得以发挥价值，更加真实地反映某一物流企业的信用情况。大数据使得企业信用数据来源呈现出多样化、多层次的特点。大数据使信用数据规模呈几何级数增长，其中包括企业为职工缴纳各项保险提供各种福利的数据以及企业从事社会公益活动，落实社会责任的数据。这些数据看似分散且单位价值低，但通过运用大数据技术对数据进行交叉处理，提取分析后就会变成直接反映企业信用状况的直观表征。对信用数据的收集，传统上往往以企业主体的财务、人事等静态数据为基础，其信息收集的层次较为单一。在大数据环境下，对企业信用信息的涵盖是包括多个层次的，除了对传统的静态信息进行收集处理，还重视对交易习惯、行为特征等动态数据的规整运用，从而对企业信用体系的构建及信用状况的分析把握得更为准确。

根据层次分析法 AHP 确定物流企业信用的影响指标的步骤如下所述。

第一步，确定最终目标。我们对物流企业信用分析的最终目标就是要通过各项指标分析，对某一企业的信用情况进行一个综合评价，与其他企业进行比较。所以我们的目标层就是物流企业的信用评价得分。

第二步，确定准则层，即确定物流企业信用评价的准则。影响企业信用评价的因素很多：偿债能力、获利能力、经营管理、信用状况等。通过研读大量文献，本项目对影响物流企业信用评价的影响因素进行了整合，将评价物流企业信用状况的指标具体分为偿债能力、获利能力、经营管理能力、负债状况、诚信状况、发展潜力、法务信息和第三方评价这八个方面。

1. 偿债能力指标

我们知道，企业的偿债能力可以决定企业的信用基础，企业信用必须以财务为基础，因为没有财力的支持，企业信用就无从谈起。所以，分析物流企业的偿债能力是进行物流企业信用评价的重要环节。企业偿债能力的指标包括固定资产、应收款项和货币资金三个指标。

2. 获利能力指标

获利能力是指物流企业获取额外利润的能力。是否赢得利润是各类企业都十分关心的重要问题，利润是投资者取得投资收益、债权人收取本息的资金来源，也是企业经营者经营业绩以及管理效能的集中体现。获利能力指标包括营业收入、营业年限、注册资本和年利润总额四个指标。营业年限＝当前年份－成立日期。

3. 经营管理能力指标

企业的经营管理状况直接影响企业的获利能力，从而影响企业的履约能力，因此在进行物流企业信用评价时，对企业经营管理状况的分析研究也值得关注。经营管理的指标包括从业人数、管理费用、企业是否上市和管理层整体素质四个指标。

企业是否上市只有两种情况：上市和未上市。上市计 10 分，未上市计 0 分；管理层整体素质指的是：管理层的素质以及经验、管理层的稳定性、在群众中的声望、企业凝聚力、管理层的应变能力以及应付风险能力如何等。用 1～10 分来进行打分，10 分是满分，表示整体素质非常高，且稳定，在群众中声望很高，企业凝聚力也很好，应变能力很强。

4. 诚信状况指标

考察诚信状况不但要考察物流企业的交易经历、纳税情况，也要考察企业的承诺履行状况，这对企业的信用评价非常重要。诚信状况的指标包括交易经历、纳税情况和承诺履行状况三个指标。

我们需要考察企业以往的交易中是否有坏账和欠账、资产状况和收入状况如何、有无明显的挪用和私占企业资金等。因为交易经历同时反映了企业以往的诚信状况,所以其可以作为估计企业未来信用的依据和对企业信用的影响程度。用 1~10 分来进行打分,10 分是满分,表示企业以往没有任何不良交易记录。

企业的纳税相关记录可以明显反映企业在经营管理中是否违法、违纪,同时间接地反映企业是否诚信经营。用 1~10 分来进行打分,10 分是满分,表示企业每次都按时按要求纳税。

承诺履行状况用 1~10 分来进行打分,10 分是满分,表示每次都能按照约定履行承诺。

5. 负债状况指标

企业的负债状况对于评价企业的信用情况相当重要,是不可或缺的一个指标准则。分析负债状况的指标包括负债总额和长期借款两个指标。这两项指标为负向指标,即这两个指标的数据越少说明企业的信用现状越好。在处理数据的时候要考虑到负向指标跟正项指标分开处理的问题。

6. 发展潜力指标

每个企业都处在其特定的行业中,而每一行业都有其固定的风险。因此,企业发展状况在信用评价中不可或缺。发展潜力指标包括企业的发展状况、在同行中地位和利润增长率三个指标。

一个企业如果长期处于不盈利的状况,我们就很难相信企业会获得高额的利润。用 1~10 分来给企业发展状况打分,10 分是满分,表示该企业长期在盈利的状况下且很有发展潜力。

企业在同行业中地位的高低,反映了企业的基本发展状况及趋势。企业在同行业中的地位越高,其诚信状况越有保障。行业中地位越高,其竞争优势越明显。用 1~10 分来进行打分,10 分是满分,表示该企业在同行中地位很高,竞争优势明显;利润增长率=(本年利润总额-上年利润总额)÷上年利润总额×100%。

7. 法务信息指标

大数据可以收纳企业的法人信息、交易习惯、信用记录、纠纷投诉等一系列与信用相关的数据。在本项目中,我们使用了 Nutch 爬虫方法来对物流企业的法务信息进行爬取,进而可以收集到物流企业的法务信息。另外,一个物流企业的法务情况能在一定程度上反映其信用状况,在这里用胜诉率这一项指标来反映企业的法务状况。物流企业作为被告胜诉率越高,说明企业信用状况越好。默认没有涉及法律案件的企业胜诉率为 100%。

8. 第三方评价指标

客户重视物流企业服务的效率,比如及时沟通、及时提供物流追踪信息、及时处理客户要求等。另外，客户也重视物流企业服务的效果，是否达到了合同规定的物流服务标准。物流服务的效率与效果，都会大大影响客户对物流企业的评价。如今客户更喜欢通过一些社交媒体或社交平台发表自己对某个商品或者某项服务的评价，这些散落在各处的评价信息能够为我们提供更真实的口碑。这些评价我们可以把它统称为第三方评价。第三方评价是指别的行业或企业对该企业的评价，包括正面评价与负面评价，我们用好评率来反映第三方评价这项指标。好评率=（好评次数/被评总次数）×100%，好评率越高说明企业信用越好。

第三步，根据目标，指标构建的层次结构模型如图5.15所示。

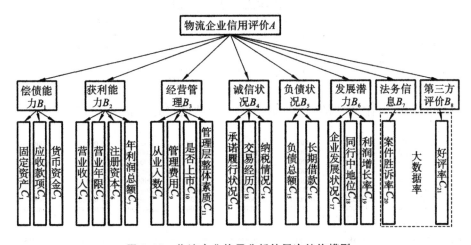

图 5.15　物流企业信用分析的层次结构模型

由构建完成的物流企业信用分析层次模型可以看出，在该模型中影响物流企业信用的指标有21个。这21个指标对于企业信用评价并不是同等重要的。我们根据层次分析法的指标标度以及专家评分系统对层次结构模型中的两层中的各项指标进行两两比较，得到9个比较矩阵，按照AHP一致性检验方法对9个比较矩阵分别进行一致性检验，对于未通过一致性检验的比较矩阵再作调整，最终得到全部通过一致性检验，并且符合实际情况的9个比较矩阵，根据这9个比较矩阵通过层次分析法分别算出21项指标的权重系数。

第一层单排序的判断矩阵：

对偿债能力、获利能力、经营管理、诚信状况、负债状况、发展潜力、法务信息、第三方评价这八个准则进行两两比较，得到通过一致性检验的第一层单排序判断矩阵 A：

$$\begin{bmatrix} 1 & \frac{1}{2} & 1 & 2 & 3 & 5 & 5 & 4 \\ 2 & 1 & 2 & 2 & 5 & 3 & 2 & 5 \\ 1 & \frac{1}{2} & 1 & 1 & 2 & 3 & 1 & 3 \\ \frac{1}{2} & \frac{1}{2} & 1 & 1 & 2 & 3 & 1 & 3 \\ \frac{1}{3} & \frac{1}{5} & \frac{1}{2} & \frac{1}{2} & 1 & 2 & 1 & 2 \\ \frac{1}{5} & \frac{1}{3} & \frac{1}{3} & \frac{1}{3} & \frac{1}{2} & 1 & \frac{1}{5} & \frac{1}{3} \\ \frac{1}{5} & \frac{1}{3} & 1 & \frac{1}{5} & 1 & 3 & 1 & 1 \\ \frac{1}{4} & \frac{1}{5} & \frac{1}{3} & \frac{1}{5} & \frac{1}{2} & 3 & 1 & 1 \end{bmatrix}$$

经过模糊 AHP 算法的判断矩阵 A 的一致性检验的结果如图 5.16 所示。

```
A =
    1.000000    0.500000    1.000000    2.000000    3.000000    5.000000    5.000000    4.000000
    2.000000    1.000000    2.000000    2.000000    5.000000    3.000000    3.000000    5.000000
    1.000000    0.500000    1.000000    1.000000    2.000000    3.000000    1.000000    3.000000
    0.500000    0.500000    1.000000    1.000000    2.000000    3.000000    1.000000    3.000000
    0.333333    0.200000    0.500000    0.500000    1.000000    2.000000    1.000000    2.000000
    0.200000    0.333333    0.333333    0.333333    0.500000    1.000000    0.200000    0.333333
    0.200000    0.333333    1.000000    0.200000    1.000000    5.000000    1.000000    1.000000
    0.250000    0.200000    0.333333    0.200000    0.500000    3.000000    1.000000    1.000000

Feature_Array =
    0.216671    0.269583    0.135917    0.122911    0.072929    0.039837    0.084994    0.057158

Feature_Value = 8.329552
CI = 0.027079
n = 8, RI = 1.41
CR = 0.033389
```

图 5.16　判断矩阵 A 的一致性检验结果

进行一致性检验时得出 CR 值为 0.033389,小于 0.1,通过了一致性检验,即该判断矩阵可用。

层次内单排序:

B_0 为固定资产、应收款项、货币资金两两比较的判断矩阵

$$\begin{bmatrix} 1 & 3 & \frac{1}{2} \\ \frac{1}{3} & 1 & \frac{1}{4} \\ 2 & 4 & 1 \end{bmatrix}$$

经过模糊 AHP 算法的判断矩阵 B_0 的一致性检验的结果如图 5.17 所示。

```
B₀ =
       1.000000           3.000000           0.500000
       0.333333           1.000000           0.250000
       2.000000           4.000000           1.000000

Feature_Array =
       0.319618           0.121957           0.558425

Feature_Value = 3.018295
CI = 0.009147
n = 3, RI = 0.58
CR = 0.015771
```

图 5.17 判断矩阵 B_0 的一致性检验结果

CR 值小于 0.1,通过一致性检验。

B_1 为营业收入、营业年限、注册资本、年利润总额两两比较的判断矩阵

$$\begin{bmatrix} 1 & 2 & 3 & 2 \\ \frac{1}{2} & 1 & \frac{1}{2} & \frac{1}{2} \\ \frac{1}{3} & 2 & 1 & \frac{1}{3} \\ \frac{1}{2} & 2 & 3 & 1 \end{bmatrix}$$

经过模糊 AHP 算法的判断矩阵 B_1 的一致性检验的结果如图 5.18 所示。

```
B₁ =
       1.000000     2.000000     3.000000     2.000000
       0.500000     1.000000     0.500000     0.500000
       0.333333     2.000000     1.000000     0.333333
       0.500000     2.000000     3.000000     1.000000

Feature_Array =
       0.413621     0.13458      0.157142     0.294657

Feature_Value = 4.21526
CI = 0.071753
n = 4, RI = 0.9
CR = 0.079726
```

图 5.18 判断矩阵 B_1 的一致性检验结果

B_2 为从业人数、管理费用、是否上市、管理层整体素质两两比较的判断矩阵

$$\begin{bmatrix} 1 & \frac{1}{2} & \frac{1}{4} & \frac{1}{3} \\ 2 & 1 & \frac{1}{2} & \frac{1}{3} \\ 4 & 2 & 1 & \frac{1}{2} \\ 3 & 3 & 2 & 1 \end{bmatrix}$$

经过模糊 AHP 算法的判断矩阵 B_2 的一致性检验的结果如图 5.19 所示。

```
B₂ =
      1.000000        0.500000        0.250000        0.333333
      2.000000        1.000000        0.500000        0.333333
      4.000000        2.000000        1.000000        0.500000
      4.000000        3.000000        2.000000        1.000000

Feature_Array =
      0.096055        0.15554         0.292794        0.455611

Feature_Value = 4.152751
CI = 0.050917
n = 4, RI = 0.9
CR = 0.056575
```

图 5.19 判断矩阵 B_2 的一致性检验结果

B_3 为承诺履行状况、交易经历、纳税情况两两比较的判断矩阵

$$\begin{bmatrix} 1 & 4 & 1 \\ \frac{1}{4} & 1 & \frac{1}{3} \\ 1 & 3 & 1 \end{bmatrix}$$

经过模糊 AHP 算法的判断矩阵 B_3 的一致性检验的结果如图 5.20 所示。

```
B₃ =
      1.000000        4.000000        1.000000
      0.250000        1.000000        0.333333
      1.000000        3.000000        1.000000

Feature_Array =
      0.457934        0.126005        0.416061

Feature_Value = 3.009203
CI = 0.004601
n = 3, RI = 0.58
CR = 0.007933
```

图 5.20 判断矩阵 B_3 的一致性检验结果

B_4 为负债总额、长期借款两两比较的判断矩阵

$$\begin{bmatrix} 1 & 2 \\ \frac{1}{2} & 1 \end{bmatrix}$$

经过模糊 AHP 算法的判断矩阵 B_4 的一致性检验的结果如图 5.21 所示。

```
B₄ =
            1.000000       2.000000
            0.500000       1.000000
Feature_Array =
            0.666667       0.333333
Feature_Value = 2
CI = 0
n = 2, RI = 0
CR = 0
```

图 5.21 判断矩阵 B_4 的一致性检验结果

B_5 为企业发展状况、同行中地位、利润增长率两两比较的判断矩阵

$$\begin{bmatrix} 1 & 1 & \frac{1}{3} \\ 1 & 1 & \frac{1}{3} \\ 3 & 3 & 1 \end{bmatrix}$$

经过模糊 AHP 算法的判断矩阵 B_5 的一致性检验的结果如图 5.22 所示。

```
B₅ =
            1.000000       1.000000       1.333333
            1.000000       1.000000       0.333333
            3.000000       3.000000       1.000000
Feature_Array =
            0.0            0.2            0.6
Feature_Value = 3
CI = 0
n = 3, RI = 0.58
CR = 0
```

图 5.22 判断矩阵 B_5 的一致性检验结果

B_6 为胜诉率的判断矩阵[1]，CR＝0，完全符合一致性。

B_7 为第三方评价的判断矩阵[1]，CR＝0，完全符合一致性。

根据以上九个通过了一致性检验的判断矩阵获得比较总排序，算出每个指标的权重系数，如图 5.23 所示。

由此，可以得出 $C_1 \sim C_{21}$ 的权重矩阵为：

R＝[0.069252　0.026425　0.120995　0.111505　0.03628　0.042363　0.079435　0.013056　0.021141　0.039796　0.061925　0.056285　0.015487　0.051138　0.048619　0.02431　0.007967　0.007967　0.023902　0.084994　0.057158]$^\mathrm{T}$

总排序为:							
w_1=0.216671	w_2=0.269583	w_3=0.135917	w_4=0.122911	w_5=0.072929	w_6=0.039837	w_7=0.084994	w_8=0.057158	权重系数
0.319618	0.000000	0.000000	0.000000	0.000000	0.000000	0.000000	0.000000	0.069252
0.121957	0.000000	0.000000	0.000000	0.000000	0.000000	0.000000	0.000000	0.026425
0.558425	0.000000	0.000000	0.000000	0.000000	0.000000	0.000000	0.000000	0.120995
0.000000	0.413621	0.000000	0.000000	0.000000	0.000000	0.000000	0.000000	0.111505
0.000000	0.134580	0.000000	0.000000	0.000000	0.000000	0.000000	0.000000	0.03628
0.000000	0.157142	0.000000	0.000000	0.000000	0.000000	0.000000	0.000000	0.042363
0.000000	0.294657	0.000000	0.000000	0.000000	0.000000	0.000000	0.000000	0.079435
0.000000	0.000000	0.096055	0.000000	0.000000	0.000000	0.000000	0.000000	0.013056
0.000000	0.000000	0.155540	0.000000	0.000000	0.000000	0.000000	0.000000	0.021141
0.000000	0.000000	0.292794	0.000000	0.000000	0.000000	0.000000	0.000000	0.039796
0.000000	0.000000	0.455611	0.000000	0.000000	0.000000	0.000000	0.000000	0.061925
0.000000	0.000000	0.000000	0.457934	0.000000	0.000000	0.000000	0.000000	0.056285
0.000000	0.000000	0.000000	0.126005	0.000000	0.000000	0.000000	0.000000	0.015487
0.000000	0.000000	0.000000	0.416061	0.000000	0.000000	0.000000	0.000000	0.051138
0.000000	0.000000	0.000000	0.000000	0.666667	0.000000	0.000000	0.000000	0.048619
0.000000	0.000000	0.000000	0.000000	0.333333	0.000000	0.000000	0.000000	0.02431
0.000000	0.000000	0.000000	0.000000	0.000000	0.200000	0.000000	0.000000	0.007967
0.000000	0.000000	0.000000	0.000000	0.000000	0.200000	0.000000	0.000000	0.007967
0.000000	0.000000	0.000000	0.000000	0.000000	0.600000	0.000000	0.000000	0.023902
0.000000	0.000000	0.000000	0.000000	0.000000	0.000000	1.000000	0.000000	0.084994
0.000000	0.000000	0.000000	0.000000	0.000000	0.000000	0.000000	1.000000	0.057158

图 5.23　每个指标的权重系数

5.3.4　数据收集系统

1. 大数据环境下物流企业信用数据的收集

与传统物流企业信用评价指标中需要收集的数据相比,在大数据环境下需要从多种非结构化的大规模数据中提取评价指标相关信息,本书主要采用了基于Hadoop的Nutch爬虫技术,对法务信息(如涉案总次数等)、第三方评价(如好评次数、被评总次数等)等非结构化自然语言信息在相关网站中进行爬取和采集,而由于语言信息具有大数据量、随机性等特征,在语言学研究中常引进统计学方法来进行定量分析,所以本项目采用在大数据平台Hadoop上进行评价关键词的提取与统计,进而进行好评次数、被评总次数等指标的相关数据收集。

(1) 物流企业信用评价指标中的部分客观指标可以通过物流企业的公开数据获取,主要数据收集渠道包括工商总局的全国企业信息公示系统和上市物流企业年报,可获得的数据包括:固定资产、应收款项、货币资金、营业收入、企业成立日期、注册资本、年利润总额、从业人数、管理费用、是否上市、承诺履行状况、交易经历、纳税情况、负债总额、长期借款、利润增长率(本年利润总额、上年利润总额)等。

(2) 物流企业信用评价指标中的部分主观指标数据,如管理层整体素质、同行中地位、企业发展状况等,采取"访谈+问卷"的传统方式进行调研,发放问卷由相关专家打分的方法进行收集。

(3) 对于赔偿次数、涉案总次数、好评次数、被评总次数等指标则需要通过大数据技术进行数据采集与分析,数据采集系统主要采用了前文介绍的 Nutch 爬虫技术,对爬取到的大规模非结构化文本信息使用 MapReduce 并行计算框架和文本分析技术进行关键词的提取与词频统计。如针对物流企业的涉案次数,其数据的主要收集渠道是各级人民法院网站中公开公示的法律裁判文书,对案件中的被告、裁判结果等关键信息进行提取,裁判文书的文本分析 Java 程序如附录 A 所示。

2. 基于 MG 算法的第三方评价文本特征抽取

在分析处理第三方评价等文本数据时,由于来自互联网的数据时刻在更新、增长,而我们处理数据的存储空间有限,无法像处理传统数据时那样将全部数据都进行存储,需要对其关键信息识别统计后处理,对于第三方评价的文本数据处理过程如图 5.24 所示。

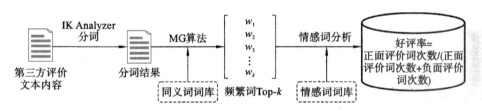

图 5.24 基于 MG 算法的第三方评价文本特征提取过程

首先使用前文介绍的 Nutch 爬虫技术和分词技术对第三方评价文本内容进行采集和分词处理,之后使用 MG 算法对分词结果进行统计,提取出第三方评价文本中出现频率最高的 k(Top-k)项频繁词,然后使用情感词分析鉴别正面评价词和负面评价词,并统计其出现次数,最后物流企业信用评价指标中的好评率指标为正面评价词次数除以正面评价词和负面评价词次数之和。

其中 MG(Mirsa Gries)算法的作用是对分词结果仅进行一次扫描从而产生规模较小的 k 个频繁词,对小规模的频繁词进行情感词分析与对整个分词结果进行情感词分析相比,可以有效提高在大规模文本数据环境下算法的效率。

MG 算法过程如下:

假设:分词结果中共有 n 个词汇,设置 k 个计数器($k \ll n$)。找到出现最频繁的 k 个词汇(Top-k)。
输入:分词结果和同义词词库
输出:k 个频繁词(Top-k)
按顺序读取分词结果中的词汇 x
    如果 已经为 x 或 x 的同义词分配计数器
        则对应的计数器值+1

否则
    如果 计数器数量< k
        则为 x 设置计数器,并设置其值为 1
    否则 所有计数器值减 1,删除值为 0 的计数器
遍历所有词汇 x 后,将数据项按其频数由大到小排列并输出

MG 算法流程图如图 5.25 所示。

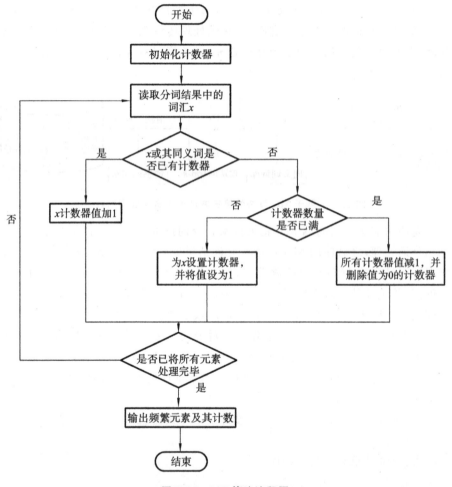

图 5.25　MG 算法流程图

3. 大数据环境下物流企业信用数据的存储

将收集到的企业数据和确定的各个指标权重使用分布式和面向列的动态模式

数据库 Hbase,以及稀疏排序映射表(Key/Value)的形式进行存储,方便对大规模数据的随机、实时读写访问,同时,HBase 中保存的数据可以使用 MapReduce 来处理。

首先存储企业的相关信息,创建一个企业表 enterprise,enterprise 表的列簇及其列名如表 5.12 所示。

表 5.12 企业表 enterprise

列 簇	列 名
偿债能力:debt_paying	固定资产:fixed_asset
	应收款项:account
	货币资金:fund
获利能力:profitability	营业收入:income
	营业年限:business_time
	注册资本:registered_assets
	年利润总额:annual_profit
经营管理:management	从业人数:employee
	管理费用:manage_charge
	是否上市:market
	管理层整体素质:manager_quality
诚信状况:honesty	承诺履行状况:commitment
	交易经历:trading_experience
	纳税情况:tax
负债状况:debt	负债总额:total_debt
	长期借款:long_borrow
发展潜力:develop_potential	企业发展状况:develop_status
	同行中地位:position
	利润增长率:profit_growth
法务信息:law	案件胜诉率:law_rate
第三方评价:third_evaluation	好评率:high_praise
归属地:location	归属地:location

存储完企业的相关信息后,需要将 AHP 算法确定的权重存储到 HBase 中,首先创建表 creditweight,其列簇及列名如表 5.13 所示。创建此表后,即可将确定的

权重存入权重表 creditweight 中。

表 5.13 权重表 creditweight

列　　簇	列　　名
weight	固定资产:fixed_asset 应收款项:account 货币资金:fund 营业收入:income 营业年限:business_time 注册资本:registered_assets 年利润总额:annual_profit 从业人数:employee 管理费用:manage_charge 是否上市:market 管理层整体素质:manager_quality 承诺履行状况:commitment 交易经历:trading_experience 纳税情况:tax 负债总额:total_debt 长期借款:long_borrow 企业发展状况:develop_status 同行中地位:position 利润增长率:profit_growth 案件胜诉率:law_rate 好评率:high_praise

从收集到的数据可以看出,这些数据具有量纲不统一、数量级差距大的特点。直接拿这些数据分析会很大程度上影响分析结果,所以在此之前,我们必须先将数据标准化。数据标准化处理主要包括了数据同趋化处理和无量纲化处理两个方面。数据同趋化处理主要解决不同性质数据的问题,对于不同性质的指标直接加总求和,不能够正确地反映不同作用力的综合效果。所以,我们需要考虑改变逆向指标数据的性质,使所有的影响指标对测评方案的作用力同趋化,然后再加总求和才能得出正确的结果。一般情况下,常见的数据标准化方法包括线性标准化方法和非线性标准化方法两大类。常用的方法有"最小-最大标准化"、"Z-score 标准化"、"按小数定标标准化"、指数函数、幂函数、对数函数方法等。

我们选择了"最小-最大标准化"的方法。

这种方法基于原始数据的最大值(max)和最小值(min)进行数据的标准化。将 A 的原始值 x 使用最小-最大标准化到 x'。

第一步,找出这一组数据的最大值 max 和最小值 min。

第二步,进行数据标准化处理。

对于正项指标[见公式(5.12)]:

$$X' = \frac{X - \min}{\max - \min} \tag{5.12}$$

对于负向指标[见公式(5.13)]:

$$X' = \frac{\max - X}{\max - \min} \tag{5.13}$$

这样得到的标准化之后的数据都在 0 到 1 之间,克服了负值的缺陷。需要注意的是,在做程序处理的时候可能会出现最大值 max 等于最小值 min 的情况,这时候出现分母为 0 的情况,出现错误。所以在程序设计时先判断最大值与最小值是否相等,若两者相等将其全置为 0,因为给每个企业加上同样的分数,不影响其排名结果。最终形成的物流企业信用评价仿真数据,如附录 A 所示。

4. 系统实现界面

根据前文所描述的内容,本书实现了一个物流企业信用分析系统,所使用的仿真数据如附录 A 所示,在对物流企业进行分析时需要进行四步操作,分别为企业信息查询、待评价物流企业选取、评价指标确定以及信用分析评价。

1) 企业信息查询

进入物流企业信用综合评价系统时,系统会自动加载所有企业的信息,显示在页面的数据表格中,如图 5.26 所示。

用户需要查询自己所关注的企业时,可输入查询条件进行查询,如图 5.27 所示。

2) 待评价物流企业选取

用户可以在查询结果或所有物流企业信息列表中,选择待评价物流企业,然后点击中间的"选中添加"按钮,将关注的企业添加到右边的"我关注的企业"数据表格中,如图 5.28 所示。

若用户想要在"我关注的企业"数据表格中将某企业删除,可以先选中要移除的企业,点击两个数据表格中间的"选中移除"按钮,就可将已关注的企业移回左边数据表格中。

3) 评价指标确定

用户可以在"指标选择"面板中,选择自己评价物流企业信用的指标,并点击指标前的复选框,如图 5.29 所示。

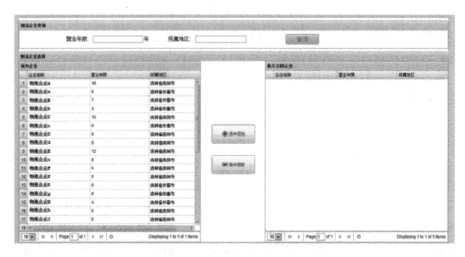

图 5.26　自动加载所有企业信息

图 5.27　查询自己关注的企业信息

4）信用分析评价

用户选择完待评价企业并确定评价指标后，就可以对企业进行信用综合评价，方法是点击"确定评估"按钮，系统会在后台调用物流企业信用指标数据并执行相关算法，根据信用评价的结果（即信用得分），对照信用等级与对应评分表决定物流企业信用等级和信用状况，提供给信用的使用者或企业的决策者使用。例如某物流企业信用评价的得分为 72.38 分，那么它对应信用等级为 AA 级，信用尚佳。信用等级与对应评分如附录 C 所示。

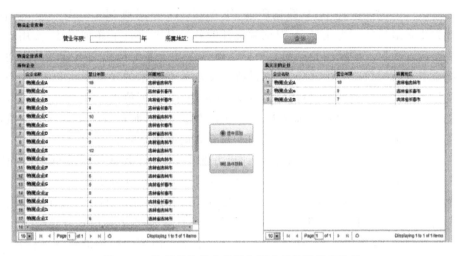

图 5.28　选择关注的企业添加到右边的数据表格中

图 5.29　选择关注的指标

最终企业的信用等级结果显示到"企业信用评价结果"数据表格中,如图 5.30 所示。

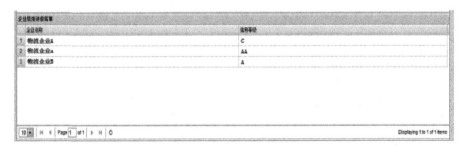

图 5.30　企业信用评价结果

5.4　本章小结

本章主要是对交通运输物流领域离线数据进行并行化分析和计算。在交通运输物流热点词词频统计中,从数据爬取、IKAnalyzer 分词到 MapReduce 下的词频统计方法和最后的可视化显示,对词频统计的各个环节进行了详细讲述,使用户对近期交通运输物流领域的热点词汇一目了然。在基于非结构化文本分类的交通运输物流资讯新闻导览方法部分,详细讲解了文本分类技术的发展现状和研究趋势,以及相关的文本分类技术,包括分词技术、文本表示、特征值提取和文本分类算法;以文本分类的主要过程文本训练和文本分类为框架,详细介绍了文本分类的流程以及实验结果,方便用户了解各个类别下的交通运输物流资讯。

在大数据环境下的物流企业信用评价方法中,采用了模糊层次分析法(AHP)对大数据环境下的物流企业信用进行评价,通过定量与定性分析相结合,建立了物流企业层次分析评价指标体系。在大数据环境下,通过利用 AHP 方法建立物流企业信用评价模型,利用大数据 Nutch 方法来对物流企业的法务信息和第三方评价信息进行爬取,并使用文本分析技术对法律文书文本内容中的关键信息进行提取,统计出物流企业涉案胜诉率指标,使用 MG 算法对第三方评价文本内容进行情感词分析从而得到好评率评价指标,此外还通过模拟一部分企业仿真数据,对该层次分析评价指标体系进行了验证,实现了海量数据的有效整合,妥善处理了各指标的合理表述问题,也充分考虑了评价者的主观偏好,使最终评价结果更加接近于实际。该方法具有很强的操作性,可以有效地帮助客户合理选择物流企业,减少物流企业失信行为的发生,大力促进了物流企业的诚信建设。

6 总　　结

在交通运输物流领域，经过几十年的发展，我国不仅已经成为一个交通大国，同时也是交通数据大国，交通运输物流信息化的未来发展与大数据密切相关。交通运输物流领域中大数据的相关问题已引起了信息领域、学术领域和政府管理部门的广泛关注，人们逐渐开始研究如何运用大数据理念和技术来解决相关问题。

本书以实现系统高容错、低延时和可扩展为原则，整合离线计算和实时计算，集成 Hadoop、Kafka、Storm、HBase 等目前较为流行的开源大数据组件，设计了一种大数据平台软件基础架构，该架构主要由 Batch Layer、View Layer 和 Speed Layer 组成，其中 Batch Layer 主要负责离线数据的存储和批处理，由数据采集系统、分布式文件存储系统 HDFS 以及分布式并行计算框架 MapReduce 组成；View Layer 采用分布式高速数据库 HBase 负责为不同的应用提供高速的数据视图；Speed Layer 主要负责对流式数据的实时分析，由分布式消息队列服务系统 Kafka 以及流式实时计算框架 Storm 组成。该软件基础框架可以应用在不同的大数据环境下，提高大数据分析的功能实现与开发效率。针对大数据环境下数量巨大、增长速度快、价值密度低、基数大、类型多样等特点，提出了大数据泛数据生态圈的概念，并通过对数据存储模式的介绍，选择出了适合交通运输物流大数据的基于 Hadoop 集群的大数据混合存储模式，利用本体语言进行交通运输物流领域数据资源的描述，为了解决交通运输物流本体类间关系繁复的问题和利于本体的扩张及整合，并且为了更好地将本体库与大数据分析框架结合起来，将本体类分为路网拓扑、交通对象、交通信息和存储信息四个层次对交通运输物流数据相互关系进行描述。最后，提出交通运输物流本体库构建框架图，实现从现有交通运输物流数据中抽取转化成本体，动态形成交通运输物流本体库，可以用于在交通运输物流大数据框架中，实现交通运输物流领域的数据资源描述方法。

由于交通运输物流领域中流式数据具有非匀速、按时间顺序到达、无限、易失和突发等特点，因此对流式数据进行统计分析时需要使用数据抽样、概要或时间窗等方法解决数据存储和数据时效性等问题，从而提高流式数据分析的准确度，降低了内存、硬盘等存储资源的使用量，本书提出了一种基于 CluStream 流式聚类算法的交通运输物流活动区域热度实时分析方法，该方法针对流式数据实时性强和无限流入等特点，对运输车辆活动数据流基于"金字塔"时间窗方法进行抽样与聚类分析，得到不同区域的物流活动的热度指标，并使用 WebGIS 技术对结果进行直观呈现，该方法不仅能够解决无限流入数据存储的空间不足问题，也能够满足交通运输物流流式数据在进行历史热点演化分析的实时性要求。另外，为了提高物流公共信息平台中货运供需信息资源的匹配效率，本书结合分布式实时计算框架，建立了一种车货供需匹配数学模型，并使用改进的量子进化算法对此问题求解，实验结果表明量子进化算法表现出更好的收敛速度、准确性和稳定性，可以高效地搜索到较为优秀的车货信息资源匹配方案，为车主和货主推荐较为合理的车货供需信息资源。

在针对交通运输物流领域大规模离线数据并行计算的应用场景中，本书结合分布式并行计算框架和非结构化文本分析技术，提出了基于 MapReduce 的词频统计与文本分类方法，并应用在交通运输物流热点词分析和交通运输物流新闻资讯分类导览系统中，有效提高了管理决策者对交通运输物流信息和知识的收集和分析能力。在交通运输物流热点词词频统计中，主要对数据爬取、IKAnalyzer 分词到 MapReduce 下的词频统计方法进行了研究；在交通运输物流资讯分类导览方法部分，主要研究了非结构化文本分词技术、特征值提取和文本分类算法；在大数据环境下的物流企业信用评价方法中，采用了模糊层次分析法（AHP）对大数据环境下的物流企业信用进行评价，通过定量与定性分析相结合，建立了标准实用的物流企业的层次分析评价指标体系。在大数据环境下，利用大数据 Nutch 爬虫方法来对物流企业的法务信息进行爬取，并通过网络爬虫收集各级人民法院公开公示的法律文书文本内容，从中抽取案件相关信息统计相关物流企业的涉案胜诉率，并提出了基于 MG 算法的第三方评价特征抽取方法，解决了大规模文本数据分析效率低下的问题。通过利用 AHP 方法建立物流企业信用评价模型，不仅实现了海量数据的有效整合、妥善处理了各指标的合理表述问题，也充分考虑了评价者的主观偏好，使最终评价结果更加接近于实际，该方法具有很强的操作性，可以有效地帮助客户合理评价物流企业，促进物流企业的诚信建设，对于构建科学、有效和可行的物流企业信用评价体系具有一定的参考价值。

综上所述，本书从软件架构构建与具体应用实现方法等方面，对大数据环境下交通运输物流领域的离线数据并行计算和在线数据实时计算方法进行剖析，实现了实时热力分析、车货信息资源实时匹配、热点词分析、交通运输新闻资讯导览和物流企业信用评价等典型的交通运输物流领域大数据应用。但是受限于目前国内的数据开放环境，部分数据获取困难，如在进行物流企业信用评价时，补充了企业部分模拟仿真数据，对方法实验结果的真实性产生了一定影响。另外，本书提出的相关方法和模型在实际应用中还需要根据实际应用场景进行适当的改进，如车货匹配模型根据业务需要有可能需要引入空返距离、满载率或用户时间窗口等更加详细的目标和约束条件。最后,大数据技术日新月异,相关技术方法仍然有很大的发展空间,新的技术方法如何与交通运输物流领域进行结合,产生更好的数据产品为不同层次受众服务也是本书未来的研究发展方向。

参 考 文 献

[1] 赵刚.大数据:技术与应用实践指南[M].北京:电子工业出版社,2013.

[2] 大数据的发展历程:2005-2014[EB/OL]. http://www.echinagov.com/news/dynamic/39032.html.国脉电子政务网.2014.10.

[3] 彭知辉.大数据:开启公安情报工作新时代[J].公安研究,2014,01:76-80.

[4] Big Data,Big Impact:New Possibilities for International Development [EB]. http://www.weforum.org/reports/bigdata-big-impact-new-possibilities-international-development.

[5] 李业志,陈艳,胡悦.大数据在互联网经济发展中的应用[J].计算机光盘软件与应用,2014,08:89-91.

[6] 各个国家如何布局大数据战略[EB/OL].http://www.wtoutiao.com/p/f58Kt8.html.

[7] 美国白宫研究报告:《大数据——抓住机遇 坚守价值》[EB/OL].http://www.jsia.gov.cn/industry/egov/2014/1219/1898.html.

[8] 大数据国家战略推动"数据驱动经济"[EB/OL].http://epaper.oeeee.com/epaper/D/html/2015-11/06/content_8684.htm.

[9] 六年亲历,见证中国大数据技术与应用时代的到来[EB/OL].http://www.csdn.net/article/1970-01-01/2817098.

[10] 朱建平,章贵军,刘晓葳.大数据时代下数据分析理念的辨析[J].统计研究,2014,02:10-19.

[11] "首届中国大数据应用论坛"即将开幕[EB/OL].http://zt.ciotimes.com/20120620/.

[12] 关于运用大数据加强对市场主体服务和监管的若干意见[EB/OL].http://www.gov.cn/zhengce/content/2015-07/01/content_9994.htm.

[13] 蒋凯元.浅析大数据发展行动纲要出台背景及战略意义[J].信息系统工程,2015,10:12-13.

[14] 交通运输部公路科学研究院物流中心主任顾敬岩:交通运输行业大数据与应用[EB/OL].http://www.cbdio.com/BigData/2015-12/08/content_4283362.htm.

[15] 美国政府的大数据处理模式[EB/OL]. http://www.chinabaike.com/t/10383/2015/0913/3244206.html.

[16] 数据开放的弄潮儿——英国 TransportAPI[EB/OL]. http://www.its114.com/html/2016/guojiqianyan_0128/64896.html.

[17] 国内外网络运营商大数据应用案例研究分析[EB/OL]. http://www.chinairn.com/news/20131203/170806243.html.

[18] 日本汽车厂商开始利用大数据提供交通信息服务[EB/OL]. http://labs.chinamobile.com/news/cloud/94983.

[19] 韩国:跨领域大数据分析[EB/OL]. http://www.yuntran.com/news/Marketing.html.

[20] Chew Men Leong:大数据在新加坡交通行业的应用[EB/OL]. http://www.its114.com/html/2015/guojiqianyan_0429/49873.html.

[21] 印度政府宣布将用大数据打造 100 个智慧城市[EB/OL]. http://www.miitec.net.cn/html/Dynamic/gjlm/486.html.

[22] 欧盟——交通大网络[EB/OL]. http://www.cngaosu.com/zhuanti/html/redianzhuanti/gaosugonglufuwuqu/yunyingguanli/2009/1217/37849.html.

[23] 台湾已经开始通过大数据云计算管理交通[EB/OL]. http://bigdata.ctocio.com.cn/470/13471970.shtml.

[24] 迪拜:预计 2030 年实现 25% 无人驾驶出行[EB/OL]. http://www.cbdio.com/BigData/2016-05/06/content_4895332.htm.

[25] 新西兰公众假期的"交通拥堵黑点"都在哪里?[EB/OL]. http://nz.haiwainet.cn/n/2016/0607/c3541627-29988076.html.

[26] 陈美. 大数据在公共交通中的应用[J]. 图书与情报,2012(6):22-28.

[27] 顾涛. 科学施策治理北京城市交通拥堵——浅谈大数据、物联网时代的治堵策略[J]. 城市管理与科技,2013(06):16-18.

[28] 刘伟杰,保丽霞. 交通大数据支撑遗留运输体系的构建[J]. 交通与运输,2014(02):1-5.

[29] 段宗涛,康军,唐蕾,樊娜,刘研,代记婷. 车联网大数据环境下的交通信息服务协同体系[J]. 长安大学学报(自然科学版),2014,34(2):108-114.

[30] 熊刚,董西松,朱凤华,季统凯. 城市交通大数据技术及智能应用系统[J]. 大数据,2015(42):1-16.

[31] 王雅琼,杨云鹏,樊重俊. 智慧交通中的大数据应用研究[J]. 物流工程与管理,2015,37(5):107-108.

[32] 段宗涛,郑西彬,李莹,刘研,王向宇,康军,唐蕾.道路交通大数据及其关键技术研究[J].微电子学与计算机,2015,32(6):85-89.

[33] 闫俊伟,凌卫青,王坚.一种基于本体的交通大数据分析框架[J].电脑知识与技术,2016(1):25-27.

[34] 大数据在为物流做哪些变革?[EB/OL].http://www.chinawuliu.com.cn/zixun/201505/21/301568.shtml.中国物流与采购网.

[35] 大数据在物流企业中的应用[EB/OL].http://www.56products.com/News/2015-3-17/KD43072041B56EI73.html.

[36] 唐要安.大数据在交通中的应用[J].交通世界(运输·车辆),2013,12:126-127.

[37] 王伟.基于Hadoop的分布式索引集群的研究[J].电脑知识与技术,2011,35:9043-9044.

[38] 刘华山,李永量."享智游":基于微信平台的智慧旅游助手[J].现代计算机(专业版),2016,01:62-67.

[39] 大数据存储的第四种方式:http://subject.yonyou.com/jryy/107/article.asp?id=174.

[40] TFS简介:http://code.taobao.org/p/tfs/wiki/intro/.

[41] 张文峰.基于MapReduce模型的分布式计算平台的原理与设计[D].武汉:华中科技大学,2010.

[42] 周建宁,徐晓东,蔡岗.流式计算在交通管理中应用研究[J].中国公共安全(学术版),2016,01:70-75.

[43] 徐健,张智雄.基于Nutch的Web网站定向采集系统[J].现代图书情报技术,2009,04:1-6.

[44] Nutch官方网站.http://nutch.apache.org/.

[45] 姚树宇,赵少东.一种使用分布式技术的搜索引擎[J].计算机应用与软件,2005,10:129-131.

[46] 胡伟.基于Nutch的分布式爬虫研究与优化[D].上海:上海师范大学,2015.

[47] 苏晓珂.基于Nutch的主题爬虫研究与实现[D].昆明:昆明理工大学.2007.

[48] 吴翠雁.基于Nutch的信息采集系统的研究与实现[D].广州:华南理工大学,2010.

[49] 何刚.基于Hadoop平台的分布式ETL研究与实现[D].上海:东华大学,2014.

[50] 于金良,朱志祥,梁小江.一种基于Sqoop的数据交换系统[J].物联网技术,

2016,03:35-37.
- [51] 冯晓普.HBase 存储的研究与应用[D].北京:北京邮电大学,2014.
- [52] 郝树魁.Hadoop HDFS 和 MapReduce 架构浅析[J].邮电设计技术,2012,07:37-42.
- [53] 张晓龙.基于 Flume 的 XML 数据自动收集系统[J].科学技术与工程,2013,30:9061-9065.
- [54] Flume 官方网站:http://flume.apache.org/.
- [55] 宋密,王劲松.基于 Flume 的网络安全可视化系统[J].天津理工大学学报,2015,02:38-42.
- [56] 封朝永.基于 Hadoop 的时态信息存储与检索策略的研究[D].广州:广东工业大学,2014.
- [57] 晏金.分布式文件系统在 G/S 模式中的应用研究[D].成都:成都理工大学,2010.
- [58] 杨新月.云计算环境下关联规则算法的研究[D].成都:电子科技大学,2011.
- [59] 黄钟元.Hadoop 平台下的关系数据库查询与实现[D].上海:复旦大学,2011.
- [60] 刘娜.基于 MapReduce 的数据挖掘算法在全国人口系统中的应用[D].北京:首都经济贸易大学,2011.
- [61] 鱼健榕.基于 Nutch 的搜索引擎系统的研究与实现[D].北京:北京邮电大学,2011.
- [62] 详细讲解 Hadoop 中的简单数据库 HBase http://blog.sina.com.cn/s/blog_a746ee1401018uiy.html.
- [63] 李林.基于 Hadoop 的海量图片存储模型的分析和设计[D].杭州:杭州电子科技大学,2011.
- [64] 王军,刘文化,于伟东.一种基于 Hadoop 的纺织海量生产数据存储设计[J].微型电脑应用,2013,06:53-54+57.
- [65] 杨巨龙.大数据技术全解[M].北京:电子工业出版社,1995.
- [66] 张鹏远.大数据分类存储及检索方法研究[D].西安:西安电子科技大学,2014.
- [67] HBase:http://blog.csdn.net/anghlq/article/details/6538229
- [68] 侯晓利.高速公路时空数据一体化建模方法研究[D].长春:吉林大学,2015.
- [69] 使用 Storm 实现实时大数据分析 http://blog.csdn.net/hguisu/article/details/8454368.

[70] 燕存.云计算环境下协同过滤推荐算法研究[D].南京:南京师范大学,2014.
[71] Storm 基本原理整理 http://www.cnblogs.com/xia520pi/p/4812433.html
[72] Kafka 官方网站:http://Kafka.apache.org/.
[73] 钱小聪.大数据产业生态圈研究[J].信息化研究,2013,06:49-52.
[74] 赵振宇,姚佳慧.国际工程承包企业的生态系统平衡[J].施工企业管理,2014,06:109-111.
[75] 王宏志.大数据质量管理:问题与研究进展[J].人民周刊,2015,05:59.
[76] 从存储模式看 DCIM 大数据架构演化(http://www.c114.net/topic/4934/a955169.html).
[77] 邓志鸿,唐世渭,等.ontology 研究综述[J].北京大学学报(自然科学版),2002,38:728-730.
[78] 曹妍.本体理论在城市智能交通系统语义集成中的应用研究[D].大连:大连海事大学,2010.
[79] 李泽健.什么是本体论?[EB/OL].http://blog.sina.com.cn/s/blog_01482fb60100p2cg.html.
[80] 时卫静.城市交通信息服务的本体建模与应用研究[D].北京:北京交通大学,2009.
[81] 段文嘉.基于语义的智能装配与工艺资源管理系统研究[D].北京:北京邮电大学,2008.
[82] 刘造新.基于本体的 XML 关联规则挖掘方法[J].计算机应用,2008,09:2318-2320.
[83] 陶皖,严楠.基于 OWL 本体的语义 Web 知识表示[J].现代计算机,2006,05:9-11.
[84] 郭军杰,闫茂德,陈荫三.高速公路网异构 GIS-T 信息共享的本体模型[J].交通运输工程学报,2011,11(1):24-29.
[85] Alexandres H V. Jagadish,Challenges and Opportunities with Big Data[J]. Proceedings of the VLDB Endowment,2012,5 (12):2032-2033.
[86] M. Henzinger,P. Raghavan and S. Rajagopalan. Computing on Data Stream [M]. American Mathematical Society Boston,1999:107-118.
[87] 许振佳.流式数据的并行聚类算法研究[D].济宁:曲阜师范大学,2015.
[88] 李圣,黄永忠,陈海勇.大数据流式计算系统研究综述[J].信息工程大学学报,2016,01:88-92.
[89] 何颖.分布式数据流聚类算法研究[D].北京:北京交通大学,2015.

[90] 张忠平,王浩,薛伟,等.动态滑动窗口的数据流聚类方法[J].计算机工程与应用,2011,47(7):135-138.

[91] 金建国.聚类方法综述[J].计算机科学,2014,41:288-293.

[92] 何颖.分布式数据流聚类算法研究[D].北京:北京交通大学,2015.

[93] 王高洋,李英梅.流数据挖掘中数据流聚类算法研究[J].智能计算机与应用,2014(5).

[94] 曹锋.数据流聚类分析算法[D].上海:复旦大学,2006.

[95] 张晓龙,曾伟.实时数据流聚类的研究新进展[J].计算机工程与设计,2009,30(9):2177-2181.

[96] 庄波.数据流中频繁模式挖掘方法的研究及应用[D].济南:山东师范大学,2008.

[97] 王铭坤,袁少光,朱永利,等.基于Storm的海量数据实时聚类[J].计算机应用,2014,34(11):3078-3081.

[98] Muhammad Zia-ur-Rehman.动态数据流挖掘关键技术研究[D].成都:西南交通大学,2013.

[99] AggarwalC C,Yu P S,Han J,et al. A Framework for Clustering Evolving Data Streams[J]. Vldb,2003,29:81-92.

[100] Aggarwal C C,Han J,Wang J,et al. A framework for projected clustering of high dimensional data streams[C]// VLDB. 2004:852-863.

[101] Chen Y,Tu L. Density-based clustering for real-time stream data[C]// ACM SIGKDD International Conference on Knowledge Discovery and Data Mining,San Jose,California,Usa,August. 2007:133-142.

[102] Zachariadis E E,Tarantilis C D,Kiranoudis C T. A hybrid metaheuristic algorithm for the vehicle routing problem with simultaneous delivery and pick-up service[J]. Expert Systems with applications,2009,36(2):1070-1081.

[103] 翟泳,刘杰华,张伟,樊铭渠.空车配货VRP问题的路径匹配算法[J].交通运输工程与信息学报,2008,03:91-95.

[104] Repoussis P P,Tarantilis C D,Ioannou G. The open vehicle routing problem with time windows[J]. Journal of the Operational Research Society,2007,58(3):355-367.

[105] Errico F,Desaulniers G,Gendreau M,et al. A priori optimization with recourse for the vehicle routing problem with hard time windows and sto-

chastic service times[J]. European Journal of Operational Research,2016, 249(1):55-66.

[106] Namjoshi J,Gupte A. Service oriented architecture for cloud based travel reservation software as a service[C]// 2009 IEEE International Conference on Cloud Computing. Bangalore,IEEE,2009:147-150.

[107] 李永平.基于物联网技术的甩挂物流信息平台建设研究[D].西安:长安大学,2014.

[108] 董千里.区域物流信息平台与资源整合.交通运输工程学报.2002,4:58-62.

[109] 李俚,周晓蓉.物流陆运业务交易平台撮合算法研究与实现[J].制造业自动化,2013,09:88-90+101.

[110] 顾佳婧.基于语义网技术的车货匹配系统[D].北京:清华大学,2013.

[111] Cuadrado J E,Preist C,Williams S. Integration of B2B Logistics Using Semantic Web Services[M]//Artificial Intelligence:Methodology,Systems, and Applications. Springer Berlin Heidelberg,2004:96-105.

[112] 李慧.配载型物流信息服务平台的车货供需匹配研究[D].北京:北京交通大学,2015.

[113] 孙承志,杨祎,吴建彬,石蒙蒙,高兰,李林雕.云物流供需匹配智能决策模式的分析与设计[J].物流技术与应用,2014,04:130-132.

[114] 李俚,周晓蓉.物流陆运业务交易平台撮合算法研究与实现[J].制造业自动化,2013,09:88-90+101.

[115] 杨俊安,解光军,庄镇泉,等.量子遗传算法及其在图像盲分离中的应用研究[J].计算机辅助设计与图形学学报,2003,15(7):847-852.

[116] 周正威,涂涛,龚明,李传锋,胡勇,杨勇,郭光灿.量子计算的进展和展望[J].物理学进展,2009,02:127-165.

[117] 张建明.基于改进量子进化算法的生产调度问题研究[D].上海:华东理工大学,2013.

[118] 王凌,吴昊,唐芳.混合量子遗传算法及其性能分析[J].控制与决策,2005, 20(2):156-160.

[119] 杨淑媛,刘芳,焦李成.一种基于量子染色体的遗传算法[J].西安电子科技大学学报,2004,31(1):76-81.

[120] Han K H,Kim J H. Genetic quantum algorithm and its application to combinatorial optimization problem[C]//Evolutionary Computation,2000. Proceedings of the 2000 Congress on. IEEE,2000,2:1354-1360.

[121] Wang L, Wu H, Tang F, et al. A hybrid quantum-inspired genetic algorithm for flow shop scheduling[M]//Advances in Intelligent Computing. Springer Berlin Heidelberg, 2005: 636-644.

[122] Li B B, Wang L. A hybrid quantum-inspired genetic algorithm for multiobjective flow shop scheduling[J]. Systems, Man, and Cybernetics, Part B: Cybernetics, IEEE Transactions on, 2007, 37(3): 576-591.

[123] Wang L, Li L. An effective hybrid quantum-inspired evolutionary algorithm for parameter estimation of chaotic systems[J]. Expert Systems with Applications, 2010, 37(2): 1279-1285.

[124] Yan Jun'an, Zhuang Zhenquan. Research of Quantum Genetic Algorithm and its Application in Blind Source Separation[J]. Journal of Electronics (China), 2007, 20(1): 62-68.

[125] 王宇平, 李英华. 求解 TSP 的量子遗传算法[J]. 计算机学报, 2007, 05: 5748-5755.

[126] 罗磊. 微博舆情热点检测与跟踪方法研究[D]. 杭州: 杭州电子科技大学, 2012.

[127] 李坤. 蒙古文网络热点词提取算法研究[D]. 呼和浩特: 内蒙古大学, 2015.

[128] 宣云儿, 李晓菲. 基于词频统计的情报学研究泛化分析[J]. 情报杂志, 2011, 30(5): 38-41.

[129] 王颖纯, 岳磊, 康在龙, 薛山. 基于词频统计分析方法的 SaaS 国内研究热点分析[J]. 情报杂志, 2012, 30(7): 44-48.

[130] 杨俊丽, 吕晓燕, 满晰. 基于改进的 KMP 算法的词频统计[J]. 软件时空, 2010, 26(9-3): 161-162.

[131] 李天琳, 徐云龙, 唐自立. 基于单链表和散列表比较的词频统计研究[J]. 计算机教育, 2010, 20: 147-150.

[132] 马志柔, 叶屹. 一种有效的多关键词词频统计方法[J]. 计算机工程, 2006, 32(10): 191-192, 203.

[133] 旺建华. 中文文本分类技术研究[D]. 长春: 吉林大学, 2007.

[134] 邸鹏, 段利国. 一种新型朴素贝叶斯文本分类算法[J]. 数据采集与处理, 2014, 29(1): 71-75.

[135] 罗新, 王兆礼, 路永和. 基于蚁群智能算法的文本分类研究[J]. 图书情报工作, 2011, 55(2): 103-106.

[136] 李建林. 一种基于 PCA 的组合特征提取文本分类方法[J]. 计算机应用研

究,2013,30(8):2398-2401.

[137] 崔建明,刘建明,廖周宇.基于SVM算法的文本分类技术研究[J].计算机仿真,2013,30(2):299-302,368.

[138] 刘赫,刘大有,裴志利,高滢.一种基于特征重要度的文本分类特征加权方法[J].计算机研究与发展,2009,46(10):1693-1703.

[139] 姚全珠,宋志理,彭程.基于LDA模型的文本分类研究[J].计算机工程与应用,2011,47(13):150-153.

[140] 刘露,彭涛,左万利,戴耀康.一种基于聚类的PU主动文本分类方法[J].软件学报,2013,24(11):2571-2583.

[141] 来斯惟,徐立恒,陈玉博,刘康,赵军.基于表示学习的中文分词算法探索[J].中文信息学报,2013,27(5):8-14.

[142] 何莘,王琬芜.自然语言检索中的中文分词技术研究进展及应用[J].情报科学,2008,26(5):787-791.

[143] 吴凤慧,成颖,郑彦宁,潘云涛.文本聚类中文本表示和相似度计算研究综述[J].情报科学,2012,30(4):622-627.

[144] 张翔,周明全,董丽丽,闫清波.结合粗糙集与集成学习的中文文本分类方法研究[J].计算机应用与软件,2011,01:32-34.

[145] 李建林.一种基于PCA的组合特征提取文本分类方法[J].计算机应用研究,2013,08:2398-2401.

[146] 许君宁.基于知网语义相似度的中文文本聚类方法研究[D].西安:西安电子科技大学,2010.

[147] 张征杰,王自强.文本分类及算法综述[J].电脑知识与技术,2012,04:825-828+841.

[148] 李偲.基于朴素贝叶斯的文本分类研究及其在微博分类中的应用[D].北京:北京理工大学,2015.

[149] 王作伟.基于模糊层次分析法的第三方物流企业信用评价研究[D].南京:南京财经大学,2010.

[150] 陈中华.层次分析法在中小企业信用评价中的应用研究[D].苏州:苏州大学,2006.

[151] 梁晓娟.层次分析法在中小企业信用评价中的应用[J].河南广播电视大学学报,2005,01:40-42.

[152] 章瑜.AHP模糊综合评价法在中小企业信用评价中的应用[J].财会通讯,2011,05:42-44.

[153] 刘萍,申婧.模糊综合评价法在中小企业信用评级中的应用[J].科技与管理,2012,06:51-54+59.

[154] 宋昱雯,刘亚娜.模糊 AHP 法在中小企业信用评价指标体系构建中的应用[J].企业导报,2013,16:37-38.

[155] 闫春荣.第三方物流企业信用自评指标体系的确立[J].农场经济管理,2007,03:33-34.

[156] 王亮,王作伟.基于模糊层次分析法的第三方物流企业信用评价研究[J].物流科技,2009,07:89-91.

[157] 严双.基于物元分析法的第三方物流企业信用评价研究[J].物流工程与管理,2010,01:7-10.

[158] 潘圣辉.第三方物流企业物流金融信用评价研究[J].金融发展研究,2011,03:46-48.

[159] 王璇,郭伟辰.关于第三方物流企业信用评价的分析研究[J].开发研究,2011,04:129-133.

[160] 刘冰冰.第三方物流企业信用评价指标体系研究[D].沈阳:辽宁大学,2012.

[161] 刘杰.基于物流金融的中小企业信用评价研究[D].上海:东华大学,2012.

[162] 黄珍珍.第三方物流企业视角下的物流金融业务风险分析与评价[D].南京:南京工业大学,2012.

[163] 张莉.交通运输物流企业诚信评价体系研究[D].郑州:郑州大学,2013.

[164] 纪保义.大数据环境下的企业信用法律监管制度[J].嘉兴学院学报,2016,01:118-122.

附　　录

附录 A　"法律文书"文本分析源代码

```
public class GetEachRecord {
    public static String[] reArray = { "申诉人", "被申诉人", "上诉人", "被上诉人",
        "申请再审人", "再审申请人", "被申请人", "再审被申请人", "申请复议人",
        "被执行人", "申请执行人", "利害关系人", "原审第三人", "一审第三人", "一审
被告", "权利受让人" };
    public static String regEx1 = "((,)？(住所地(:|).*?。))";
    public static String regEx2 = "(()？(法定代表人|负责人|法定代理人|执行事务合
伙人)(((:|:|,).*?。)|(.{1,10}?。)))";
    public static String regEx3 = "被告人[^。]*,[男女][,、][^。]*？[。]";
    public static ArrayList<String> regExList;
    public static ArrayList<String> thirdPartList;
    public static String inputPath = "/home/zkpk/workspace/data/newcontent.json";
    public static String outputPath = "/home/zkpk/workspace/data/recordcontent/";
    public static String contentPath;
    public static String summaryPath;
    public static Pattern pattern;
    public static Matcher matcher;
    public static void main(String[] args) throws IOException {
        regExList = new ArrayList<String>();
        thirdPartList = new ArrayList<String>();
        contentPath = outputPath + "content/";
        summaryPath = outputPath + "summary/";
        File contentFolder = new File(contentPath);
        File summaryFolder = new File(summaryPath);
        if (! contentFolder.exists()) {
            contentFolder.mkdirs();
```

```
            }
            if (! summaryFolder.exists()) {
                summaryFolder.mkdirs();
            }
            getRegExList();
            getThirdPartExList();
            File inputFile = new File(inputPath);
            String jsonContent = CommonMethod.readFile(inputFile);
            JSONArray jsonArray = JSONArray.fromObject(jsonContent);
            for (int i = 0; i < jsonArray.size(); i++) {
                JSONObject jsonObject = jsonArray.getJSONObject(i);
                String recno = jsonObject.get("recno").toString();
                String text = jsonObject.get("text").toString().replaceAll("( )
{2,}", "");
                System.out.println(recno);
                int endIndex = text.length();
                if (text.contains("审   判   长")) {
                    endIndex = text.indexOf("审   判   长");
                } else if (text.contains("审判长")) {
                    endIndex = text.indexOf("审判长");
                } else if (text.contains("院   长")) {
                    endIndex = text.indexOf("院   长");
                }
                text = text.substring(0, endIndex);
                String[] arr = getAllRelatedStr(text);
                text = arr[0];
                String allRelatedStr = arr[1];
                String relatedStr = getRelatedStr(allRelatedStr);
                String recSumPath = summaryPath + recno;
                CommonMethod.exportToFile(recSumPath, relatedStr);
                text = getPureContent(text);
                String recConPath = contentPath + recno;
                CommonMethod.exportToFile(recConPath, text);
                matcher = null;
                pattern = null;
            }
        }
```

```
public static void getRegExList() {
    String re1 = "(?<=(。?( )?)) [^\u4e00-\u9fa5a-zA-Z]";
    String re2 = "(:|:|(|\\(|(、[^。]*?:)).*?((。(?<=( )?)|([^A-Za-z]))" +
regEx1 + "?.*?" + regEx2 + "* ";
    for (String regEx : reArray) {
        regExList.add(re1 + regEx + re2);
    }
    regExList.add(re1 + regEx3);
}
public static void getThirdPartExList() {
    String str1 = "[^\u4e00-\u9fa5a-zA-Z,、)]第三人[^。]{1,50}?((。( )?)|([^A-Za-z]))";
    String str2 = "(?<=((。( ))|( )+))(委托执行人.*?[。])* ";
    String str3 = "((不服.{0,20}?人民法院[^。]*?。)|.{0,20}?人民法院[^。]* 作出.*?。)";
    String re1 = str1 + regEx1 + str2 + regEx2 + "+";
    thirdPartList.add(re1);
    String re2 = str1 + regEx1;
    thirdPartList.add(re2);
    String re3 = str1 + regEx2 + "+";
    thirdPartList.add(re3);
    String re4 = str1 + str3;
    thirdPartList.add(re4);
}
public static String[] getAllRelatedStr(String text) {
    String[] arr = new String[2];
    StringBuffer accusedAccuserSB = new StringBuffer();
    for (String regEx : regExList) {
        Object obj = getAllMatched(text, regEx, accusedAccuserSB);
        if (obj instanceof String) {
            text = (String) obj;
        }
    }
    for (String thirdPart : thirdPartList) {
        Object obj = getAllMatched(text, thirdPart, accusedAccuserSB);
        if (obj instanceof String) {
            text = (String) obj;
```

```
          break;
        }
      }
      String allRelatedStr = accusedAccuserSB.toString();
      accusedAccuserSB = null;
      arr[0] = text;
      arr[1] = allRelatedStr;
      System.out.println(allRelatedStr);
      return arr;
    }
    public static String getRelatedStr(String allRelatedStr) {
      StringBuffer relatedSB = new StringBuffer();
      for (String regEx : regExList) {
        allRelatedStr = getMatchedStr(allRelatedStr, regEx, relatedSB);
      }
      boolean flag = false;
      for (String thirdPart : thirdPartList) {
        flag = geThirdPartStr(allRelatedStr, thirdPart, relatedSB);
        if (flag) {
          break;
        }
      }
      String relatedStr = relatedSB.toString();
      relatedSB = null;
      return relatedStr;
    }
    public static String getMatchedStr (String allRelatedStr, String regx, StringBuffer sb) {
      pattern = Pattern.compile(regx);
      matcher = pattern.matcher(allRelatedStr);
      while (matcher.find()) {
        if (matcher.group().startsWith("。")) {
          sb.append(matcher.group().replaceFirst("。", "").trim()).append("\n");
        } else {
          sb.append(matcher.group().trim()).append("\n");
        }
```

```
            allRelatedStr = allRelatedStr.replace(matcher.group(), "");
        }
        return allRelatedStr;
    }
    public static boolean geThirdPartStr (String allRelatedStr, String regx,
StringBuffer sb) {
        pattern = Pattern.compile(regx);
        matcher = pattern.matcher(allRelatedStr);
        boolean flag = false;
        while (matcher.find()) {
          flag = true;
          if (matcher.group().startsWith("。")) {
            sb.append(matcher.group().replaceFirst("。", "").trim()).append("\n");
          } else {
            sb.append(matcher.group().trim()).append("\n");
          }
        }
        return flag;
    }
    public static Object getAllMatched (String text, String regx, StringBuffer
accusedAccuserSB) {
        pattern = Pattern.compile(regx);
        matcher = pattern.matcher(text);
        ArrayList<String> list = new ArrayList<String>();
        Boolean flag = false;
        while (matcher.find()) {
          flag = true;
          if (! accusedAccuserSB.toString().contains(matcher.group())) {
            accusedAccuserSB.append(matcher.group());
            list.add(matcher.group());
          }
        }
        for (String str : list) {
          text = text.replace(str, "").replaceAll("( )+", " ");
        }
        list = null;
```

```java
      if (flag ==true) {
        return text;
      } else {
        return flag;
      }
    }
    public static String getPureContent(String text) {
      text = removeEntructedAgent(text);
      String[] titleArr ={ "裁定书", "通知书", "判决书" };
      text = removeTitle(text, titleArr);
      text = removeNo(text);
      text = removeDescSent(text);
      return text;
    }
    public static String removeEntructedAgent(String text) {
      String lastMatchStr = getEntructedAgent(text);
      if (! lastMatchStr.equals("")) {

        text = text.substring(text.indexOf(lastMatchStr) + lastMatchStr.length(), text.length()).trim();
      }
      return text;
    }
    public static String getEntructedAgent(String text) {
      ArrayList<String> list =new ArrayList<String>();
      String re1 ="委托代理人(:|:|,)[^。]* ? [。]";
      list.add(re1);
      String re2 ="委托代理人[\u4e00-\u9fa5]{1,15}?,[^。]* ?。";
      list.add(re2);
      String re3 ="委托代理人([A-Za-z]* ( )?)+,[^。]* ?。";
      list.add(re3);
      String lastMatchStr ="";
      for (String re : list) {
        lastMatchStr = getLastMatchedStr(text, re);
        if (! lastMatchStr.equals("")) {
          break;
        }
```

```java
    }
    list = null;
    return lastMatchStr;
}
public static String getLastMatchedStr(String str, String regx) {
    pattern = Pattern.compile(regx);
    matcher = pattern.matcher(str);
    String lastMatchStr = "";
    while (matcher.find()) {
        lastMatchStr = matcher.group();
    }
    return lastMatchStr;
}
public static String removeTitle(String text, String[] titleArr) {
    for (String titleStr : titleArr) {
        int index = text.indexOf(titleStr);
        if (index > 0) {
            text = text.substring(index + 5, text.length()).trim();
            break;
        }
    }
    return text;
}
public static String removeNo(String text) {
    String regex = "([1,2]\\d{3})[^,,。、]{1,10}第[\\d-]+号";
    pattern = Pattern.compile(regex);
    matcher = pattern.matcher(text);
    while (matcher.find()) {
        text = text.replace(matcher.group(), "").trim();
        break;
    }
    return text;
}
public static String removeDescSent(String text) {
    String regex = "(?<=(。?()?))[^。]*人民法院[^。]*?。";
    pattern = Pattern.compile(regex);
    matcher = pattern.matcher(text);
```

```
    int index = -1;
    while (matcher.find()) {
      index = text.indexOf(matcher.group());
      if (index > 0) {
        text = text.substring(index, text.length()).trim();
      }
      break;
    }
    return text;
  }
}
```

附录B 物流企业信用评价数据表(部分)

企业	固定资产/万元	应收款项/万元	货币资金/万元	营业收入/万元	营业年限/年	注册资本/万元	年利润总额/万元	从业人数/人	管理费用/万元	是否上市（1代表上市,0代表未上市）
物流公司A	4805	405	1903	210205	8	500	9276	2040	560	1
物流公司a	3500	204	2000	109352	2	200	8756	1040	350	0
物流公司B	4010	740	1876	178456	5	3750	7866	899	460	1
物流公司b	3101	650	1980	106798	4	1000	5690	760	306	0
物流公司C	1509	78	1096	89763	5	780	4730	632	380	0
物流公司c	2760	780	2569	120356	7	1307	6701	1092	583	1
物流公司D	1896	1301	1302	98910	6	310	7366	1050	432	0

续表

企业	固定资产/万元	应收款项/万元	货币资金/万元	营业收入/万元	营业年限/年	注册资本/万元	年利润总额/万元	从业人数/人	管理费用/万元	是否上市(1代表上市,0代表未上市)
物流公司 d	2104	356	1032	101348	4	1200	7810	1031	542	0
物流公司 E	3620	721	1430	97100	5	800	3289	850	432	0
物流公司 e	3805	820	1735	189453	34	1000	8410	1835	500	1
物流公司 F	3620	810	1805	160750	14	1000	6510	1750	480	1
物流公司 f	3412	740	1475	98890	5	3750	7802	1513	380	0
物流公司 G	4002	350	1204	100785	9	80432.8	7505	1205	405	1
物流公司 g	3805	760	1650	98886	13	2000	6805	1024	400	0
物流公司 H	3605	650	1504	100210	6	1560	7101	985	398	0
物流公司 h	3702	700	1806	80210	8	1400	6802	880	350	0
物流公司 I	2801	741	1901	100521	15	50	5802	800	320	0
物流公司 i	500	80	400	31150	11	760	1235	64	100	0
物流公司 J	800	100	720	38458	10	566	2315	80	150	0

续表

企业	固定资产/万元	应收款项/万元	货币资金/万元	营业收入/万元	营业年限/年	注册资本/万元	年利润总额/万元	从业人数/人	管理费用/万元	是否上市(1代表上市,0代表未上市)
物流公司 j	1000	310	850	58327	8	1200	2536	120	330	0
物流公司 K	300	100	290	7254	11	2837	1000	60	500	0
物流公司 k	600	240	590	37335	6	600	1398	75	230	0
物流公司 L	9000	1000	1200	195697	12	10050	16954	1000	1000	1
物流公司 l	700	289	660	52896	9	650	1800	150	265	0
物流公司 M	1200	600	1000	102879	6	2600	2397	400	660	1
物流公司 m	630	236	600	48428	8	500	1500	126	300	0
物流公司 N	2000	1010	1200	152953	8	12500	3600	550	1200	1
物流公司 n	3000	1300	2360	202369	18	522	9548	680	200	1
物流公司 P	900	576	880	68458	10	800	2200	210	350	1
物流公司 p	500	300	465	42571	5	500	1300	188	196	0
物流公司 Q	400	236	395	18458	7	670	1039	113	260	0

续表

企业	固定资产/万元	应收款项/万元	货币资金/万元	营业收入/万元	营业年限/年	注册资本/万元	年利润总额/万元	从业人数/人	管理费用/万元	是否上市(1代表上市,0代表未上市)
物流公司 q	8640	1300	7320	505647	11	9000	20156	850	5679	1
物流公司 R	1562	628	1329	27368	8	722.3035	8527	159	2390	1
物流公司 r	1200	642	1120	91243	10	200	3000	136	604	0
物流公司 S	600	720	500	72365	8	300	1292	164	623	0

管理层整体素质	承诺履行	交易经历	纳税情况	负债总额/万元	长期借款/万元	发展状况	同行中地位	利润增长率/(%)	法务案件胜诉率/(%)	好评率/(%)
9.0	9.6	8.7	9.8	6226	84	7.0	8.0	10.39	70	70.0
7.0	7.9	8.0	9.0	7890	120	6.0	6.0	9.0	50	60.0
8.0	6.9	7.9	8.0	6709	89	8.0	7.0	10.0	67	68.0
6.0	8.0	7.9	7.6	5709	79	7.4	6.8	8.9	54	73.0
5.9	6.3	6.9	6.8	3807	109	6.5	5.9	7.6	73	54.0
7.1	6.9	7.8	9.9	4538	102	7.0	6.9	8.3	58	66.0
8.7	7.2	8.1	8.9	3210	97	6.7	6.9	11.3	39	62.0
9.1	5.9	7.7	7.9	5401	101	7.3	5.9	10.2	64	63.0
6.8	8.6	7.2	8.5	3520	890	6.8	5.0	9.3	45	65.0
7.3	8.0	8.1	8.1	3010	732	6.9	8.5	10.1	39	81.0
6.8	9.0	8.1	9.1	5104	98	7.0	7.1	9.8	65	74.0
8.1	8.7	7.5	9.0	4100	98	7.5	7.4	10.2	56	73.0

续表

管理层整体素质	承诺履行	交易经历	纳税情况	负债总额/万元	长期借款/万元	发展状况	同行中地位	利润增长率/(%)	法务案件胜诉率/(%)	好评率/(%)
7.5	7.5	8.0	8.9	4010	102	7.8	6.8	9.7	45	71.0
8.0	7.5	7.5	8.0	3804	97	7.5	6.0	12.3	65	65.0
7.5	8.5	7.1	7.6	4010	86	7.6	8.1	10.1	45	74.0
7.1	8.0	7.0	9.0	3801	110	8.0	6.1	6.5	65	52.0
8.2	7.5	7.8	8.9	3601	85	7.6	6.8	8.0	51	68.0
8.0	8.0	9.0	9.5	1000	300	9.0	8.0	8.6	26	91.0
9.1	7.0	9.0	8.4	1200	759	8.0	8.0	11.0	50	86.0
6.0	6.9	9.0	8.9	1259	659	9.0	9.2	16.0	67	79.2
5.6	8.5	9.0	8.0	1360	632	8.5	8.3	9.0	39	60.9
7.9	7.0	8.0	8.7	730	200	7.4	9.0	9.48	48	50.9
8.9	9.5	7.0	9.5	1649	600	9.0	9.6	16.29	51	68.5
8.4	9.0	9.0	8.6	1200	826	9.0	8.6	3.6	61	79.8
7.5	8.2	9.0	8.4	1600	638	8.9	8.7	9.41	23	86.4
6.2	9.4	7.0	8.9	1600	698	6.9	5.9	8.67	62	90.8
9.0	8.5	7.0	9.5	1800	826	9.0	9.0	4.69	16	69.7
9.8	9.8	9.0	8.0	300	200	9.3	9.0	9.42	29	95.3
8.0	9.0	7.8	9.3	1601	791	8.6	8.0	15.39	34	82.6
7.0	8.5	8.4	9.0	694	500	7.8	7.0	8.1	51	86.7
8.3	9.0	9.0	8.7	1100	680	8.0	9.4	6.2	63	90.5
7.7	9.0	9.0	9.8	769	500	9.7	9.0	10.59	72	93.7
6.0	9.4	9.2	8.6	500	300	8.5	8.0	20.6	59	86.4
9.0	8.6	9.0	7.3	634	548	7.2	9.0	5.9	42	50.9
8.0	7.9	8.7	9.0	839	759	9.0	8.5	9.9	28	74.8

附录 C 信用等级与对应评分表

等级	对应评分值	含义	具体说明
AAA	90~100 分	信用卓著	企业信用程度高、债务风险低。该类企业资金实力雄厚,资产质量优良,各项指标先进,经营状况佳,盈利能力强,经济效益明显,发展前景广阔,清偿支付能力强,不确定性因素对其经营与发展的影响极小,企业陷入财务困境的可能性极小
AA	80~90 分	信用优良	企业信用程度较高、债务风险较低。该类企业资金实力较强,资产质量较好,各项指标先进,经营状况较佳,盈利水平较高,经济效益稳定,发展前景较为广阔,有较强的清偿支付能力,不确定性因素对其经营与发展的影响很小
A	70~80 分	信用尚佳	企业信用良好,在正常情况下偿还债务没有问题。该类企业资金、资产质量尚可,各项指标处于中上等水平,经营处于良性循环状态,但可能存在一些影响其未来经营与发展的不确定因素,进而削弱其盈利能力和偿债能力
BBB	60~70 分	信用较好	企业信用一般,偿还债务的能力一般。该类企业资金和财务状况一般,各项指标处于中等水平,但其经营状况、盈利水平及未来发展易受不确定因素的影响,偿债能力有波动
BB	50~60 分	信用一般	企业信用较差,偿债能力不足。该类企业资金和财务状况差,各项指标处于较低水平,未来发展前景不明朗,清偿与支付能力不佳,容易受到不确定因素影响,有风险。该类企业具有较多不良信用记录,有投机性

续表

等级	对应评分值	含义	具体说明
B	40~50分	信用差	企业信用差,偿债能力较弱。该类企业一旦处于较为恶劣的经济环境下,有可能发生逃债现象,风险较大,但目前尚有能力还本付息
CCC	30~40分	信用很差	企业信用很差,企业盈利能力和偿债能力很弱。该类企业对投资者投资安全保障较差,存在重大风险和不稳定性,几乎没有偿债能力
CC	20~30分	信用极差	企业信用极差,企业已处于亏损状态,对投资者而言具有高度的投机性,企业没有偿债能力
C	20分以下	没有信用	企业无信用,无力偿还债务本息,亏损严重,濒临破产